工商管理
战略分析研究

张日明 龙腾 刘杰 ◎著

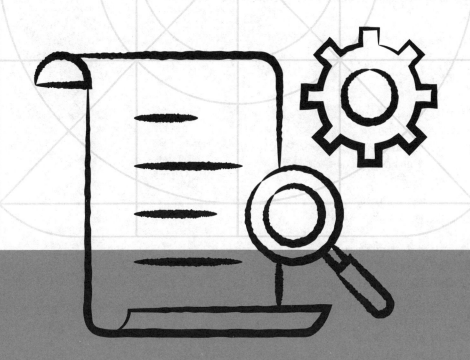

中国出版集团
中译出版社

图书在版编目（CIP）数据

工商管理战略分析研究 / 张日明，龙腾，刘杰著
. -- 北京 ：中译出版社，2024.5
ISBN 978-7-5001-7927-6

Ⅰ．①工… Ⅱ．①张… ②龙… ③刘… Ⅲ．①工商行
政管理－战略管理－研究 Ⅳ．①F203.9

中国国家版本馆CIP数据核字(2024)第105503号

工商管理战略分析研究

GONGSHANG GUANLI ZHANLÜE FENXI YANJIU

著　者：张日明　龙　腾　刘　杰
策划编辑：于　宇
责任编辑：于　宇
文字编辑：田玉肖
营销编辑：马　萱　钟筱童
出版发行：中译出版社
地　　址：北京市西城区新街口外大街28号102号楼4层
电　　话：（010）68002494（编辑部）
由　　编：100088
电子邮箱：book@ctph.com.cn
网　　址：http://www.ctph.com.cn

印　　刷：北京四海锦诚印刷技术有限公司
经　　销：新华书店
规　　格：710 mm×1000 mm　1/16
印　　张：12.5
字　　数：200千字
版　　次：2025年3月第1版
印　　次：2025年3月第1次

ISBN 978-7-5001-7927-6　　　　定价：68.00元

 前 言

从当前企业发展来看，企业不但在发展过程中面临压力，而且还受到外部经济环境的影响。所以，企业要防范经营风险、提高发展质量、实现持续增长，必须重视战略管理，既需要认真分析现阶段的发展形势，同时也需要在发展过程中按照发展要求、发展特点和发展的实际情况，制定科学的发展战略并推动企业战略管理的有效实施，为整个企业管理提供有力的手段支持，保证企业在管理过程中能够提高管理效率，满足管理要求，推动企业的快速成长。

加强战略管理能够从宏观层面为企业的稳定发展及可持续发展奠定基础、提供支持、强化保障。本书是工商管理战略方向的书籍，从企业与企业战略介绍入手，针对企业概论、企业战略管理进行了分析研究；对企业管理战略环境分析、企业管理战略选择、企业管理部门战略分析做了一定的介绍；还剖析了企业管理战略实施、企业管理战略咨询与评价等内容。本书适合企业相关工作人员及对此感兴趣的人员阅读，对工商管理战略分析研究有一定的借鉴意义。

作者在撰写过程中，参考和借鉴了一些知名学者和专家的观点及论著，在此向他们表示深深的感谢。由于作者学术水平和掌握的资料有限，难免会有所疏漏，真诚地希望得到各位读者和专家的批评指正，以待进一步修改，使本书更加完善。

目 录

第一章　企业与企业战略

第一节　企业概论

一、企业的概念

企业战略管理的对象是企业。企业的产生和发展演变，是伴随着社会生产力水平的不断提高和商品经济的不断发展而进行的。企业作为社会的重要组成部分，在其发展过程中发挥着越来越大的作用，对人类社会的发展和进步也起着巨大的推动作用。

（一）企业的定义

企业是社会的基本经济细胞，也是现代社会中普遍存在的最具活力、最为复杂的一种特殊社会经济组织。它是一个历史的概念，并不是随着人类的出现而出现的，而是商品生产和商品交换的产物。由于观察分析企业的视角不同，对企业的定义也众说纷纭。本书认为：企业是那些根据市场反映的社会需要来组织和安排某种商品（包括物质产品或非物质的服务）的生产和交换等活动，自主经营、自负盈亏、自担风险，实行独立核算、具有法人资格的社会基本经济单位。

企业作为一个社会微观系统，其基本资源要素主要包括人力资源、物力资源、财力资源、技术资源、信息网络、时空资源等。

人力资源表现为一定数量的具有一定科学文化知识和劳动技能的劳动者。这是企业生产经营过程中最活跃的要素。

物力资源表现为一定数量和质量的原材料和能源，以及反映了一定技术水平的劳动工具和生产设施。其中，材料是构成产品的物质基础，劳动资料是对劳动对象进行加工的必要前提。

财力资源是一种能够取得其他资源的资源，是推动企业经营过程周而复始地运行的"润滑剂",是用货币表现的企业长期和短期的资金。

技术资源包括形成产品的直接技术和间接技术,以及生产工艺技术、设备维修技术、财务管理技术、物联网技术、移动通信技术、大数据分析技术、区块链技术、生产经营的管理技能。此外,技术资源还包括组织市场活动的技能、信息收集和分析技术、市场营销方法、策划技能,以及谈判、推销技能等。技术资源是将企业的资源要素转化为产出的关键。

信息网络包括各种情报、数据、资料、图纸、指令、规章及各种网络资源等,是维持企业正常运营的神经细胞。特别是现代社会,已经是"互联网+"和大数据时代,企业生存和发展离不开网络。另外,企业信息吞吐量是企业对外适应能力的综合反映。信息的时效性可以使企业获得利润或产生损失。

时空资源是一种特殊的资源要素,是指企业在市场上可以利用的、作为公共资源的经济时间和经济空间。时间的节约会提高企业的效率和盈利水平,因而具有价值功能。现代社会的生活节奏越来越快,企业必须树立"时间就是金钱、时间就是财富"的理念。空间资源是指人类劳动直接改造和利用的、承接现实经济要素运行的自然空间,从物质资料再生产的角度可分为生产空间、分配空间、交换空间和消费空间。

(二)企业的基本特征

企业作为独立的社会经济组织,无论是社会主义企业还是资本主义企业,都有许多共同特征,其主要表现在以下六点。

1.企业是合法性组织

企业的合法性主要表现为两点:一是必须在政府管理部门登记注册,同时具有合法的、独立的经营条件,取得政府和法律的许可;二是企业严格按照法律规定行使权利和履行义务。

2.企业是经济性组织

这一特性将企业同那些归属于政治组织、行政组织和事业单位的政党、国际机构、军队、学校等社会组织区别开来。在形形色色的社会组织中,只有那些从事商品生产和经营的经济组织才可能是企业。企业作为特定商品的生产者和经营者,它们生产产品或提供服务,并不是要自己享受这些商品的使用价值,而是为了实现其价值,以获取盈利。这是企业的一大显著特征。

3. 企业是自主性组织

企业要获取利润就要保证自己的产品和服务在品牌、质量、成本和供应时间上能随时适应社会和消费者的需要。为此，除了加强内部管理外，企业必须对市场和社会环境的变动及时主动地做出反应，这就是经济自主；而权利和义务是对等的，企业有了经营自主权就必须进行独立核算，承担其行使自主经营权所带来的全部后果，即必须自负盈亏。如果企业只负盈不负亏，就不可能有负责任的经营行为和正确行使自主权的行为。

并不是所有从事商品生产和经营的经济组织都是企业。只有当该经济组织实行自主经营、自负盈亏、独立核算时，才能算作企业。如果某个厂虽然从事商品生产和经营，但并不独立核算、自负盈亏，而是由总厂、公司等上一级组织统一核算、统负盈亏，那么总厂或公司是企业，该经济组织只是企业的一个下属生产单位。在这里，需要特别指出，我国经济体制改革中大量涌现的企业集团也不是企业，而是一种企业联合体，即由诸多企业所组成的一种联合体。在企业集团中，各成员企业拥有各自独立的经营自主权，是自负盈亏的经济实体。

4. 企业是营利性组织

获取利润是企业的最本质特征，企业生产经营的结果如果没有利润，企业就无法生存，更谈不上发展。企业只有不断提高经济效益，增加盈利，才能更好地发展，为国家纳税，为社会多做贡献。但企业在赚取利润的同时，还必须承担某些社会责任，如遵守社会道德、保护环境、保护资源和满足员工需求、为员工的发展创造良好的环境条件等。因此，追求利润不应是企业唯一的目标。

5. 企业是竞争性组织

企业是市场中的经营主体，同时也是竞争主体。竞争是市场经济的基本规律。企业要生存、要发展，就必须参与市场竞争，并在竞争中获胜。企业的竞争性表现在，它所生产的产品和提供的服务要有竞争力，要在市场上接受用户的评判和挑选，要得到社会的认可。市场竞争的结果是优胜劣汰。企业应通过有竞争力的产品和服务在市场经济中求生存、求发展。

6. 企业是网络化组织

价值链组织对于一个企业来说还不够，它不一定形成一个圆环。成为网络组织，使企业成为链主，企业和网主企业就要对价值链的运作进行整合，这样企业就可以成为一个联合体。对于中国企业来讲，应该融入这个网络，而且要融入更大的、更多的价值网络。

（三）企业的功能与任务

企业的重要地位和作用决定了企业在社会经济生活中承担着重要的功能，担负着重要的任务。

1.企业的功能

企业的功能可以从个体和整体的角度进行考察。从个体角度考察，企业的功能是进行商品生产和商品交换；从整体角度，即从社会经济系统的角度考察，企业是一个资源转换体，其最基本的社会功能就是将有限的资源转换为有用的商品和服务，满足社会的某种需要。现代社会的发展、现代文明的创造，在很大程度上取决于所有企业有效地实现其资源转换过程。资源转换过程的有效性体现在两个方面：一是为企业提供经济效益；二是为社会提供社会效益。

企业的经济效益标志着企业这个社会经济细胞在经济方面所做的贡献。企业在经济方面的贡献，不只是利润，而应是全部的新创价值。全部的新创价值是企业在完成资源转换过程中所创造的商品与服务的总价值扣除外购资源所转移的价值以后的价值，也称为附加价值。

企业的社会效益由直接社会效益和间接社会效益构成。企业以新的科学原理、新技术、新材料创造出一种全新的产品，为社会提供前所未有的使用价值，或以更丰富、更廉价的材料取代昂贵的社会短缺材料而使商品的功能不变，这些都会产生直接的社会效益。除此以外，企业的生产经营活动还会对社会利益产生间接的影响，我们把它称为间接的社会效益。这种间接的社会效益是通过企业对社会环境的正负影响表现出来的，正面影响即为社会利益；负面影响即为社会负担。企业对职工的文化技术培训，企业文化对社会精神文明的辐射，企业对文化体育事业的赞助等，均属社会的正效益。企业生产造成的环境污染，企业产品质量欠佳造成的顾客抱怨等，均属不利于社会的负效益。

总之，企业的功能就是通过商品生产和商品交换，把社会的有限资源转换为满足社会需要的商品和服务，以实现企业经济效益和社会效益同步提高的目的。

2.企业的任务

企业的任务就是满足社会和消费者的需求，生产适销对路的产品，提供及时优质的服务，并依法纳税，为社会经济发展做贡献。具体来说，企业的任务可概括为以下四个方面。

一是在社会主义市场经济条件下，根据市场需要为社会提供所需的产品和服务，为提高广大人民的物质和精神文化生活水平、满足广大人民的美好生活需要、繁荣社会主义市场经济做贡献。

二是企业要以提高经济效益为中心，跟上时代和科技发展的步伐，勇于改革创新，不断探索，在提高产品和服务质量的同时，努力降低消耗和成本，使企业不断地发展和壮大，为国家经济发展做贡献。

三是企业在谋求自身发展的同时，还要满足内部员工的物质和精神文化生活需要，为员工的发展创造良好的环境和条件，实现企业与员工的共同发展。

四是企业作为社会产品和服务的提供者，在生产产品和提供服务的同时，还要承担起保护社会环境和节约资源的义务。在生产的同时要不断降低资源的消耗，减少对环境的破坏和污染，以达到全社会可持续发展的目标。

（四）企业的目标与使命

1. 企业的目标

企业的目标是多元化的，其内容的确定要考虑企业自身的状况和社会的各个因素，处理好各种利益之间的关系。一般说来，企业目标的基本内容如下。

（1）贡献目标

贡献目标应是现代企业的首位目标。企业之所以能够存在和发展，是因为它能为社会做出某种贡献，否则，它就失去了存在的价值。所以，每个企业在制定目标时，必须根据自己在国民经济中的地位，确定对社会的贡献目标。企业对社会的贡献，主要是通过为社会创造的价值表现出来的，因此，贡献目标表现为生产商品、提供服务、满足需要。企业就是为生产和提供人们所需的某种物品而存在的。换句话说，社会之所以允许某个企业存在，是因为该企业提供了能够满足人们某种需要的物品。因此，从外部来看，企业对社会的贡献的重要目标之一，就是要满足社会需要。

生产或提供商品性的产品或服务，只是企业满足社会需要的一个方面，且以这种方式满足的往往是消费者个人直接的物质或精神需要。但是，消费者的所有需要并非都能通过个人的消费得到满足，如社会安全的需要不可能通过每个人都拥有保安人员来得以满足，而必须由社会提供统一的服务，我们把类似于这样的需要称为消费者的共同需要。设立诸多公益设施，便是为了满足这类需要。政府在提供这类服务时，所需要的资金主要通过企业纳税或上缴利润的形式来聚集。

因此，企业向国家纳税，在一定意义上可以认为是为了满足社会成员的共同需要。这就是我们通常所说的企业的社会责任，即企业为了所处社会的福利而必须履行的道义上的责任。企业必须同社会一起设法解决所面临的社会问题。

满足社会需要还表现在企业必须通过自身规模的维持和不断扩大，保证并不断增加能够提供的工作机会，以满足社会成员的就业需要。另外，保护环境、节约能源是企业为社会贡献的又一目标，企业的生存与可持续发展无不与企业赖以生存的环境有关，保护环境就是保护企业的未来。

（2）市场目标

市场是企业的生存空间。企业活力的大小，要看它占有市场的广度和深度，即市场范围和市场占有率的大小。市场目标既包括新市场的开发和传统市场的纵向渗透，也包括市场占有份额的增加。有条件的企业，应走向国际市场，把在国外市场的竞争能力作为一项重要目标。

（3）发展目标

企业的发展标志着企业经营的良性循环得到社会的广泛承认，从而有更多的资金去从事技术开发、产品开发、人才开发和市场开发。企业的发展表现为通过纵向联合，扩大企业规模；增加固定资产、流动资产，提高生产能力；增加产品品种、产量和销售额；提高机械化、自动化水平等方面。

（4）利益目标

利益目标是企业生产经营活动的内在动力。利益目标直接表现为利润总额、利润率和由此所决定的利润留成、奖励与福利基金。利润目标不仅关系到员工的切身利益，也决定着企业的发展。但是，追求最大利润将同消费者的利益发生冲突。因此，企业应把在同行业中高于平均水平的满意利润作为追求的目标。

利润是企业满足社会需要程度的标志。一般来说，企业通过增加销售数量或降低单位成本来获得高利润。销售数量的增加，意味着企业的产品在市场上深受欢迎，说明通过企业产品的使用能够满足购买者的某种需要；单位成本降低，意味着企业生产单位产品所消耗的资源少，说明企业能够用同样多的资源生产出更多的满足社会需要的产品。更重要的是，企业只有珍惜现有资源、保护环境、提供就业机会、关心社会福利等，才能赢得社会的认可，不断发展，获得更多的利润。

2.企业的使命

企业的使命，也是企业存在的价值。寓个体于社会的企业，其经营目标从根本上说不是取决于服务方向、行业特点等具体的物化因素，而是取决于企业所追求的宗旨、企业的价值观等观念性因素。

无论企业规模是大还是小，属于何种所有制关系，也不论企业属于何种行业，它们所追求的共同目标都是"服务社会，发展自己"。服务社会是其社会职能所决定的，发展自己是其个体职能所决定的。由于企业的个体职能与社会职能是不可分割的有机整体，所以服务社会与发展自己这一双重目标也是密不可分的整体。服务社会是上位目标，而发展自己则是下位目标，是实现上位目标的一种手段。服务社会才能发展自己，发展自己是为了更好地服务社会。

我们把企业使命概括为"服务社会，发展自己"，从而为认识现代企业的新型价值观念提供依据。对于现代企业新型的价值观念虽然有不同的表述，但几乎所有企业的价值观念都包含着"服务至上"和"追求卓越"这两重意义。服务至上并不是一种标榜，而是道出了企业使命的真谛；追求卓越不仅把发展自己量化了，要求企业的发展速度处于同行业的领先地位，而且还包含着更深层的意义，即企业自身发展必须以提供超一流的服务为前提，卓越的服务是衡量企业自我发展程度的一个重要标志。

二、企业组织结构

企业总是按照一定的组织联系在一起，以市场作为资源配置的基础性作用进行生产和管理。按照财产组织和所承担的法律责任不同，企业的组织结构有许多形式。

（一）企业组织结构的含义与功能

企业组织结构探讨的是企业内部的管理问题。企业是由很多的资源要素组成的，且这些资源要素并非无序地结合在一起，而是以某种特定的形式和关系组合在一起的。

企业组织结构是指企业组织内部的各种资源要素在空间位置、排列顺序、连接形式及相互关系上的一种模式。企业组织结构是企业组织的基本框架，企业制定的战略和决策，以及相关的方针政策要依靠企业组织结构来贯彻实施，它是实现企业战略目标的组织保证。

企业组织结构的本质是一种形式和关系，其建立是为了企业的生存与发展，是为了实现企业的战略与目标。企业组织结构作用的关键在于它是否具有一定的功能，健全和合理的组织结构应具有以下功能。

第一，组织功能。组织功能是指对企业内部要素及企业开展的生产经营活动的组织。企业能否顺利地开展活动，实现它的生产经营过程，取决于组织结构能否有效地将各种要素组织起来。组织功能主要包括组织设计、组织联系和组织运作。组织设计即选定合理的组织结构形式，确定相应的组织系统，并规定各部门的职权、职责等；组织联系即规定各部门之间的相互联系，规定命令下达与信息沟通的渠道，明确它们之间的协作原则与方法；组织运作即规定各组织实体的工作顺序、业务运作技巧和检查报告的制度等。

第二，协调功能。协调功能是指通过不断优化企业内部条件实现企业内外关系的协调。企业面临的内外环境变化越来越快，环境在给企业带来机遇的同时，也常常会给企业带来不利的影响，如破坏企业正常运作的顺序，影响企业目标的达成等。企业组织机构就应通过积极主动的、有意识的工作，改造、优化企业环境，化解各种问题和矛盾，以保证企业目标的实现，这种工作的实质即是一种协调的过程。很多企业在组织的不同层次尤其在企业的高层设有"协调办公室"，其通过调查研究及分析，对出现的各种情况和存在的问题合理安排各部门、各类人员的活动和权利责任及活动的先后顺序，以保证企业目标的统一和实现。

第三，整体强化功能。企业是一个系统、一个整体，所以企业整体的要求和目标能不能贯彻落实到企业各个部门的工作中，关系到企业的目标能否得到保证和实现。由于专业化和社会分工的高度发展，人们在工作中往往会自觉或不自觉地片面强调自身及本部门工作的重要性，而忽视了企业整体的目标和发展方向，他们的行为不仅浪费了企业有限的资源和时间，还会使企业在竞争中处于不利的地位。因此，企业组织结构要围绕企业经营目标，不断强化企业的整体性，使企业的每项工作都能保证正确的方向，顺利实现企业的整体目标。整体强化功能主要包括不断健全工作系统，健全工作制度，实现企业内部有效的沟通和思想行为的一致性。

第四，凝聚功能。任何企业，作为一个整体都需要增强企业内部的凝聚力，只有这样，才能成为富有战斗力的团体。企业的凝聚力体现在企业的工作和活动中，凝聚功能主要是通过在组织工作中充分体现民主管理和激励机制，创造良好的工作气氛和环境来体现的。

（二）企业组织结构的基本形式

随着社会经济和企业的发展变化，企业内部的组织结构形式也在不断地演变和发展着。从企业出现至今，其常见的组织结构按出现时间的先后，大致可归纳为直线制、职能制、直线职能制、事业部制、矩阵制等形式。

1. 直线制组织结构

直线制组织结构是出现最早也是最简单的一种企业组织形式。直线制组织结构的特点是企业从上到下实行垂直指挥和领导，即在组织中只设高层、中层、基层的直线管理层次，决策和命令从上面的高层管理者依次直接下达给中层管理者和基层管理者，除此之外，不设任何其他职能管理部门。

直线制组织结构的优点是结构形式简单，指挥统一，权责明确，上下级关系清楚，没有职能机构。缺点是组织实行集权管理，行政管理者大权独揽，任务繁重，要求行政管理者具备广泛的知识和熟练的业务技能，亲自处理组织中大大小小的事务，事必躬亲，容易造成决策上的失误。这种结构只适用于规模较小、人数不多、业务相对比较简单的中小企业。一个采取直线制组织结构的企业随着发展，规模逐渐增大，内部的生产和业务日趋复杂，企业就应及时对这种结构进行调整和变革，改变直线制组织结构，而采用其他适合的组织结构形式。

2. 职能制组织结构

职能制组织结构是指在各级领导人员或直线指挥人员所处的管理层次之下、下一级管理层次之上，按专业分工设置相应的职能机构，这些职能机构接受上一级直线指挥人员的领导，协助直线指挥人员从事职能管理工作，并在各自的业务范围内有权向下级直线指挥人员下达命令。因此，下一级直线指挥人员或行政领导人，除了要服从上级直线指挥人员的指挥外，还要服从上级职能机构的指挥。

例如，在公司、企业最高管理层之下，设立的职能机构可以主管运营、财务、销售、人力资源等部门，而在中间管理层之下，设立的职能机构可以主管生产、质量、工艺等部门。职能制组织结构的优点是能适应现代公司、企业中业务或生产比较繁杂和管理分工较细的组织要求，专业分工明确，提高了管理的专业化程度，大大减轻了各级行政领导人或直线指挥人员的工作负担及对专业化工作不精带来的盲目性。

3. 直线职能制组织结构

直线职能制，又称"生产区域制"或"直线参谋制"。它是在上述直线制组织结构和职能制组织结构的基础上，扬长避短而设计出的一种组织结构形式。这种组织结构形式是在各级管理层次之下，按专业化分工原则设置相应的职能机构，从事专业职能管理工作。职能机构是行政领导和直线指挥人员的助手和参谋，它们不能直接向下级部门和人员下达命令，而只能进行专业指导。职能部门的工作计划、工作方案及有关的指令，统一上报给上级管理部门，获得批准后，由上级管理部门和直线指挥人员或行政领导人下达，下级管理人员和部门只接受上级管理人员和部门的领导和指挥。

直线职能制既保留了直线制的框架，又保留了职能制根据专业化分工而设立的职能部门的优点，同时，去掉了职能制中职能部门对下级管理部门和人员的指挥和命令权，这一点正是直线职能制与职能制的主要区别所在。直线职能制的优点是既保留了直线制结构统一指挥、管理层次清晰的优点，又吸收了职能制专业分工、专业管理的优点，使组织管理权责明确、稳定而高效。其缺点是，横向职能部门之间的信息交流、协作配合较差，各职能部门之间容易各自为政，缺乏整体观点；职能部门和直线指挥管理部门之间也容易产生矛盾和目标不一致的情况；由于职能部门的工作、计划都要向上级直线管理人员请示，也无形中增加了直线指挥管理部门和人员的工作负担，降低了组织的工作效率。这种组织结构只适用于中小企业，如果组织规模增大，内部生产业务复杂，外部环境变化也大，组织就要考虑进行组织结构的变革。

4. 事业部制组织结构

事业部制最显著的特点，就是它是一种分权化的组织管理体制，将企业的战略决策、政策制定与具体的经营管理分开，实行集中决策、分散经营的管理模式。

在事业部制组织结构中，企业的最高管理层负责企业总体发展方向、总体发展战略或总目标及各种方针政策的制定，具体保留战略发展、资金分配和重要的人事安排三方面的最终决策权。在上述总体决策的基础上，再将企业的生产经营活动按产品或地区加以划分，成立各个独立的事业部。各个事业部拥有相对独立的生产经营自主权，从市场调查、产品设计、原材料采购、成本核算、产品生产、产品销售一直到售后服务，均由事业部自己负责，实行独立核算、自负盈亏。事业部的划分，一般是根据产品和区域进行的，因此，产品事业部和地区事业部是事业部的基本存在形式。事业部的独立性主要表现在三个方面：①事业部有独立的产品和市场，事业部之间产品是不重复的，以服务性产品为主（如酒店业、可口可乐、快递业等）的企业，一般是按地区来划分事业部；②事业部有独立的利益，其在完成公司的利润分配指标的条件下，剩余利润可以自主支配；③事业部有相对独立的权力，自主经营。

事业部制的优点是有利于公司高层管理者从繁杂的行政管理中解脱出来，集中精力进行重大的战略决策和制定方针政策；各个事业部由于拥有相对独立的产品、市场和权力利益，经营的积极性大大提高，有利于在公司内部形成竞争机制；将经营权下放给各个事业部，有利于事业部根据市场和环境的变化，及时调整生产经营活动，使公司整体竞争力大大提高；事业部也是培养高层次管理人才的好方法，事业部就是一个独立的企业，要独立面对市场竞争，其管理者的能力会得到全面的考验和锻炼。缺点是在公司最高管理层和事业部上层都有职能部门，容易造成机构重叠，人员过多；公司对各事业部的协调控制较为困难，有时容易失控，因此，许多公司又在最高层和事业部之间增加协调管理部门，形成"超事业部制"组织结构，无形中又增加了管理层次，降低了管理的效率。

5.矩阵制组织结构

在企业组织结构上，把既有按职能部门划分的横向管理部门，又有按产品或项目划分的垂直管理部门结合起来的组织机构形式，叫矩阵制组织结构。

矩阵制是一种临时性的组织机构，它结合了直线职能制和事业部制的特点，是为了完成某项专门的项目或工程而成立的跨职能部门的专门机构，其中的管理人员要同时受纵、横两方面管理部门的领导，容易沟通信息，协调各方面关系，人员配备合理，效率较高。

矩阵制的优点是有很大的灵活性，当须建设一项工程或开发某个新产品时，就可以组成一个专门的项目（产品）小组。在研究、设计、试验、制造的各个阶段，由有关部门（职能部门）派相关专业技术人员参加，人员不是固定不变的，任务完成了就可以回原部门，需要时又可以随时抽调。不同部门、不同专业的人员在一起，有利于相互交流，相互启发，集思广益，对项目的完成大有益处。这种结构还能加强不同部门之间的配合与信息交流，打破了直线职能制结构中部门之间联系少的限制，能集中力量保证任务的完成，而且目标（任务）性很强，任务清晰，有项目（任务）才成立，任务完成就撤销，机动灵活，效率高。

矩阵制的缺点体现在三个方面。一是组织的稳定性差。由于项目组成员分别来自不同的部门，相互之间缺乏了解，有时配合上会产生一些问题，而且人员不是永久性的调动，任务完成，仍要回原单位，因而个别人容易责任心不强，产生短期观念和行为，一定程度上影响了工作的完成。二是管理上权责不对等。项目组负责人责任重，权力有限，任务的完成要靠项目组成员的共同努力，项目组应该是一个团队，但由于其成员来自不同的部门，而且是完成临时性的任务，人员还有一定的流动性，大家的思想状态、工作观念有差异，工作积极性有限，项目管理者对人员的管理困难，也没有足够的激励手段和惩处手段。三是责任不清。项目组成员由于要接受项目组和原单位的双重领导，容易产生权责不清、管理混乱的现象，项目组负责人要与上级领导和各部门领导经常保持联系和沟通，才能保证工作顺利进行。其协调工作量较大，如果协调不好，任务完成会有很大的困难，有时甚至会导致任务（项目）失败。

矩阵制组织结构适合一些重大的工程项目和新产品开发项目。政府部门、科研单位、大学、企业等普遍适用。一个企业可以根据任务和发展的需要，组成多个这样的项目组，尤其是复杂的高新技术、新产品的攻关和管理变革项目，采用这种组织形式非常适合。

6. 虚拟组织结构

虚拟组织结构是一种以项目为中心，通过与其他组织建立研发、生产制造、营销等业务合作网，有效发挥核心业务专长的协作型组织结构类型。虚拟组织结构有时也被称为"动态网络结构""虚拟公司""影子公司"。它是产业合作网络中具有代表性的一种经营形式，在组织上突破了有形的界限，虽有生产、设计、销售、市场、财务等完整的功能，但内部却没有完整地执行这些功能的组织。

企业在有限的资源背景下，为了取得竞争中的最大优势，仅保留企业中最关键的功能，而将其他功能虚拟化，其目的是在竞争中最大限度地发挥企业有限的资源优势，进而创造企业本身的竞争优势。虚拟组织结构是小型组织的一种可行选择，也是大型企业在联结集团松散层单位时通常采用的组织结构形式。其优点为：更具灵活性和柔性，便于整合各种资源；组织结构简单、精练、高效。其缺点为：可控性差，公司设计上的创新很容易被窃取。

三、企业制度

（一）企业制度的概念

企业制度是指以产权为核心的企业组织和管理制度。构成企业制度的基本内容有三个：一是企业的产权制度；二是企业的组织制度；三是企业的管理制度。它们分别是体制、机制、方法三个层面的问题。

企业制度具有丰富的内涵，包含以下三方面的含义。

1. 企业一诞生便有了企业制度。从企业产生的历史渊源来看，企业是个历史概念，它是生产力发展到一定水平的产物，是劳动分工发展的产物。企业是作为取代家庭经济单位和作坊生产而出现的一种生产效率更高的经济单位。从原始社会到奴隶社会又到封建社会，生产力有了很大发展，自给自足的自然经济占统治地位。当时社会生产和消费主要以家庭为经济单位，出现了以手工劳动为基础的作坊。作坊生产的社会化程度、生产效率都非常低下，其产品很少作为商品去流通、去交换。因此，作坊不是企业。随着生产力的提高和商品经济的发展，到了资本主义社会，由生产资料所有者雇用以出卖劳动力为生的工人，使用一定的生产手段，共同协作，从事生产劳动，从而大大提高了生产效率，给生产资料所有者带来了巨大的利润，这种生产组织便是企业。随着企业的诞生，企业制度就被确立下来。

2. 从法律的角度看，企业制度是企业经济形态的法律范畴，通常表现为个人业主企业、合伙制企业和公司制企业三种基本法律形式。与企业形式产生的先后顺序相对应，最早的法律规范的企业制度便是业主制。个人业主制是最简单的企业形式，企业是业主的个人财产，由业主直接经营，业主享有该企业的全部经营所得，同时对它的债务负无限责任。如果经营失败，出现资不抵债的情况，业主要用自己的财产和家产来补偿，它不具有法人地位，是自然人企业。

随着社会生产的发展，个人业主制由于自身的缺点，不能满足生产发展的需要，此后便出现了合伙制企业，相应的企业立法也有所变动。合伙制企业是由两个或两个以上的出资人共同出资兴办的企业，合伙人对企业联合经营、联合控制。出资人通常采用书面协议即合伙经营合同的形式确定收益分享及亏损责任。

随着生产力的飞速发展，合伙制企业也不能满足社会化大生产的需要，又出现了公司制企业，由《公司法》加以规范、约束，其特点是：公司制企业是一个法人实体，独立行使民事权利、承担民事责任；公司的产权分属股东，股东有权分享公司盈利和参与管理决策；股东对公司债务负有限责任；股东不能退股，只能转让股权等。

3. 从资源配置的方式来看，企业制度是相对于市场制度和政府直接管理制度而言的。市场制度就是在市场处于完全竞争状态下，根据供求关系和市场机制，以非人为决定的价格作为信号配置资源的组织形式。政府直接管理制度是国家采取直接的部门管理，用行政命令的方式，通过高度集中的计划配置资源的组织形式。

当市场交易成本（指运用市场价格机制的成本，包括获得精确的市场信息的成本和交易人之间的谈判、讨价还价及履行合同的成本）小于企业组织成本时，采用市场制度最好；反之，当市场交易成本大于企业组织成本时，采用企业制度最好。由于政府直接管理制度不但要规定人们干什么还要规定怎么干，因此，政府直接管理成本很高。在大多数情况下，政府直接管理是低效的，只有当政府直接管理成本既小于市场交易成本又小于企业组织成本时，政府直接管理的资源配置方式才是有效的。政府从直接管理转为间接管理，则有利于降低政府管理费用，所以企业制度的引入，作为市场制度和政府直接管理制度的一个中间层次，有利于降低政府的管理成本，从而实现社会资源配置的最优化。

（二）企业制度的分类

企业制度可按企业资产的所有者形式、组织方式和经营管理方式三种方式来进行划分。

1. 按企业资产的所有者形式分

（1）个人业主制企业

个人业主制企业是指个人出资兴办，完全归个人所有和控制的企业。这种企业在法律上称自然人企业或个人企业。个人业主制企业是最早产生的，也是最简单的一种企业。

个人业主制企业的优点体现在五个方面。一是企业的开设、转让与关闭等，仅须向政府登记即可，手续非常简单。二是利润归个人所得，无须与别人分享。虽然它也要缴纳所得税，但不是双重课税，税负较轻，这一点与公司不同。三是企业由业主自由经营，别人无权参与和干涉，在经营上制约因素较少，经营方式灵活多样，所以处理问题机动、敏捷。四是技术、工艺和财务不易泄密。在市场激烈的竞争中，保守企业有关销售数量、利润、生产工艺、财务状况等商业秘密，是企业获得竞争优势的基础。而对于个人业主制企业而言，除了个别财务资料须让税务机关知晓以外，其他均可以保密。五是业主可以获得个人满足。这种企业成败皆由业主承担，如果获得成功，业主会感到成功的满足。所以不少企业的业主认为，他们在经营企业中收获最大的是个人的满足，而不是利润。

个人业主制企业的缺点体现在三个方面。一是业主要承担企业的无限责任。无限责任是指当企业的资产不足以清偿企业的全部债务时，法律强制企业主以个人的其他财产来清偿企业的债务。从这个角度上讲，企业主的所有财产都是有风险的，一旦企业经营失败，则可能导致企业主倾家荡产，身无分文，甚至危及社会的稳定。因此，对风险性较大的行业不宜采用这种形式。二是企业规模有限。

这种企业在发展规模上受到两个方面的限制：一方面是个人资金有限，信用有限，资本的扩大完全得依靠利润的再投资，企业自身积累也有限，因此不易筹措较多的资金以求扩张；另一方面是业主个人管理能力、自身精力的限制，也决定了企业有限的规模，如果超出了这个限度，企业的经营则变得难以控制。三是企业寿命有限。企业的存在是完全以业主的资信能力、管理能力为依托的，业主的继承人不一定有足够的能力维持这个企业，所以企业是和业主共存亡的，业主的死亡、破产、犯罪或转业都可能使企业不复存在。这样，企业的雇员和债权人就不得不承担较大的风险。

（2）合伙制企业

①合伙经营合同

成立合伙企业必须经合伙人协商同意，然后采用书面协议的形式，把每位合伙人的权利和义务都确定于合约之中，这个书面合约即合伙经营合同。在合伙经营合同中至少要包括以下内容：企业所得利润和所负亏损的分配方法；各合伙人的责任是什么，包括出资额多少、承担哪些责任，以及主要业务分担等；合伙人的加入和退出办法；企业关闭、合并时资产的分配办法；合同上未定事宜出现争端时的解决办法。

②合伙人的类型

合伙企业中的合伙人是拥有这个企业并在合伙经营合同上签字的人。根据合伙人是否参加企业经营，以及承担有限责任还是无限责任，可以划分为普通合伙人、有限合伙人、其他合伙人。

普通合伙人是指在合伙企业中实际从事企业的经营管理，并对企业债务负无限责任的合伙人。普通合伙人有权代表企业对外签约，并对企业债务承担最后责任。如果企业中的所有业主都是普通合伙人，这个企业就叫普通合伙企业。

合伙企业中对企业债务仅负有限责任的合伙人称为有限合伙人。有限合伙人对企业不起重要作用，仅以其所投入资本的数额承担有限责任。

其他合伙人指除最常见的普通合伙人和有限合伙人之外，有些企业还存在的不参加管理的合伙人、秘密合伙人、匿名合伙人等。不参加管理的合伙人是指没有经营权的合伙人；秘密合伙人是指在企业经营管理中具有重要地位，但不为人知的合伙人；匿名合伙人是只出资而不出名，只参与利润分配而不参与管理的合伙人。

合伙企业的优点体现在三个方面。一是扩大了资金来源和信用能力。与个人业主制企业相比，每个合伙人能从多方面为企业提供资金，同时，因为有更多人对债务承担有限责任，其资信能力也增强了，容易从外部筹措资金。二是集合伙人之才智与经验，提高了合伙企业的竞争能力。特别是当各合伙人具有不同方面的专长时，其优势就更加突出。三是增强了企业扩张的能力。资金筹措能力和管理能力的增强，给企业带来了进一步扩大和发展的可能性。

合伙企业的缺点体现在五个方面。一是产权转让困难。产权转让须经所有合伙人同意才可进行。二是合伙人承担无限责任。普通合伙人对企业债务负无限责任，这一点和独资企业相似。同时，当普通合伙人不止一人时，他们之间还存在一种连带的责任关系，即法律要求有清偿义务能力的合伙人，对没有清偿义务能力的合伙人所负债务的连带清偿责任。三是企业的寿命仍不易长久。一个关键的合伙人死去或退出，企业往往难以维持下去。四是合伙人意见存在分歧时，难以统一，从而影响企业的决策。五是企业规模仍受局限。和公司比较起来，筹措资金的能力仍很有限，不能满足企业大规模扩张的要求。

2. 按企业组织方式分

从企业组成的方式来划分，企业可以分为工厂制和公司制两种类型。企业组成方式是一定生产力和生产方式的反映，随着生产力的发展，企业的生产组织从无到有，经历了家庭手工业、手工作坊、包买商、手工工场、机器工厂、现代公司等历史发展阶段。其中，工厂制和公司制是作为企业制度确定下来的两种基本类型。

（1）工厂制企业

工厂是指以机器体系为主要生产手段，不同工种的劳动者进行分工和协作，直接从事工业生产的基本经济组织。从生产手段看，工厂是随着手工工具转变为机器而出现的；从内部组织来看，工厂是在分工协作基础上按产品或工艺要求，由若干车间、工段、班组和职能管理机构组成的。

工厂有两种不同的管理方式。一是自由经营、自负盈亏、独立核算。这种工厂就是企业，拥有法人资格，叫作工厂制企业。二是属于企业或公司的一个组成部分，或是政府机关附属的工厂。这种工厂不是企业，没有法人资格，不是独立经营的经济单位。它在企业或公司的统一领导和管理下从事生产经营活动，实行内部生产费用的经济核算。

工厂制也称单厂制，这种方式主要表现为一个工厂就是一个企业。如果把单厂制的概念扩展到工业企业以外的其他行业，就表现为一个业务单位组成一个企业。因此，不考虑行业的特点，仅从企业组成方式看，可把一个业务单位组成的企业通称为单厂制企业，这也是单厂制的广义概念。

由一个业务单位组成的企业往往是小企业，在某些行业中有较强的生命力，如在小型加工工业、商业、服务业等领域数量较多。这些由一个业务单位组成的企业，既有优势也有劣势。其优势是专业性强，便于创造出局部优势，为专门用户制作某些产品；应变能力强，便于洞察用户需求，做出快速反应；机构精简，免受机构臃肿及官僚主义习气的危害；为造就企业家提供了广阔的空间，许多企业家往往是从创办小企业起家的。其劣势是企业势单力薄，难以抵御较大的市场风险；企业技术力量有限，难以形成技术群体；企业资金筹措不易，难以拓展更大的经营范围；企业缺乏足够信息，难以形成综合性的信息网络系统。

（2）公司制企业

公司是由两个或两个以上出资人，联合组成的经济法人。这里的"出资人"既可以是自然人，也可以是法人；"出资"既可以是资金的联合，也可以是财产或其他无形资产的联合。联合组成公司的具体组织形式可以是多种多样的，但作为联合体而存在的公司，有两个共同特征：一是公司的资金和财产，是由公司支配的独立资金和财产，用于公司统一的经营活动，并承担着公司自负盈亏的经济责任；二是公司具有独立的法人地位，公司法人依法享有民事权利并承担相应的民事责任。

上述内容表明：公司是经济联合的一种高级组织形式，但反过来，并非所有的经济联合组织都是公司。工厂制企业可以通过集资方式依法改组为公司，但不能简单地把单厂制企业改名为公司；同样地，单厂制企业可以与其他工厂通过产权联结依法组成各种形式的公司，公司是新的法人，但不能把一般的合伙关系、合同关系、协作关系或通过其他经济联系组成的经济联合也当作公司，不存在"松散性公司"与"紧密性公司"之分。工业企业发展的历史表明，企业生产组织的萌芽产生于手工作坊，正式形成于手工工场。又经历多种形态的过渡，形成了以机器体系为基础的工厂制企业，最终在产权联结的基础上才形成公司制企业。可以看出，工厂制为现代企业制度奠定了基础，公司制是适合生产力发展和商品经济发展的最高组织形式。

3. 按经营管理方式分

从经营管理方式来划分，企业制度可分为传统国有制、承包制、股份制、混合所有制等。

（1）传统国有制

建立在传统计划经济基础上的最具有典型性的企业制度便是传统的国有制企业。其根本特征是企业生产资料的国有化，以及与此相应的企业行政化。其具体特点有以下三个方面：企业全部资产归国家所有；国家既是生产资料的占有者，又是企业的直接管理者；国家实行统一的劳动人事管理。

我国原有的国有企业制度是在高度集中的经济体制下建立起来的，其主要缺陷是：财产组织形式单一化，产权封闭化，组织形式非法人化，组织管理非制度化。在这种存在诸多弊端的企业制度下，企业既没有财产权，也没有真正的经营自主权，当然也没有独立的经济利益。因此，严格地说，传统的国有企业不是商品生产的企业，失去了其作为市场的基本经济单元和竞争主体的应有地位。

（2）承包制

承包制是企业承包经营责任制的简称。我国从 1987 年开始广泛实行这种制度，一些小型企业实行租赁制。承包制是按两权分离原则，以承包经营合同方式，确定国家与企业间的责、权、利关系，在承包合同范围内，使企业自主经营、自负盈亏的经营管理制度。承包制的核心是个"包"字，它的基本原则是：包死基数，确保上交，超收多留，欠收自补。

承包制具有灵活性、适应性和非规范性的特点，在一定的条件下是一种可行的分配制度。它体现了兼顾国家、企业和职工三者利益的原则，既有激励作用，也有制约作用。这主要表现在："包死基数、确保上交"可以保证上缴利润的适度增长；"超收多留"是运用以新增利润中增加边际收益的原理，给企业以动力，鼓励企业通过技术改造和改善经营管理从增产增收中增加利润；"欠收自补"使企业承担一定的风险，又给企业以压力。

但是，无论承包制本身还是其执行，都存在不少问题，主要有以下四个方面：

第一，实行税前承包和税前还贷，在理论和实践上都是有问题的。

第二，承包基数和分成比例是非规范化的分别核算，一户一率，难免出现讨价还价等扯皮现象；且通常把承包基数和上缴比例压得偏低，影响财政收入。

第三，企业容易产生短期行为。

第四，执行中缺乏严肃性，只包盈不包亏的现象时有发生。

这些问题说明，承包制只是改革阶段性的产物，随着客观形势的变化，它不能适应新的情况，需要改革。

（3）股份制

股份制是指由股东出资创办企业，交由专家进行经营管理，实行自主经营、自负盈亏，最后由投资者按比例分享投资收益和承担投资风险的企业制度。

四、企业的类型

（一）按生产资料所有制形式划分的企业类型

按生产资料所有制形式，可以将企业划分为四种类型：国有企业、集体所有制企业、合资经营企业、民营企业。

国有企业又称全民所有制企业，特点是生产资料属于社会主义社会中的全体劳动人民，企业作为独立的经济单位，具有法人财产权。随着社会主义市场经济的改革，国有企业的改革也在不断深化，中小型的国有企业可以租赁、出售，大型国有企业也在探索各种各样的改革模式，如股份制改革等。除少数企业外，目前我国国有企业大都具有自主经营权。

集体所有制企业是劳动人民集体占有生产资料的企业。这类企业可以自主地支配自己的资产和产品，自主经营、自负盈亏、独立核算。我国城市中很多区办企业、街道企业，农村的乡镇企业即属于此类。

合资经营企业是指由两个以上不同单位或个人共同投入资金、设备、技术等资源，并共同经营的企业。其特点是共同投资，共同经营，共分利润，共担风险。如中外合资企业、国内不同单位或个人合资经营的企业等。

民营企业是区别于国有企业的非公有制企业，企业的出资、管理都不是来自国有公司或者公有制实体企业，而是由民间私人投资、民间私人经营、民间私人享受投资收益、民间私人承担经营风险。这里的"私人"可以是一个自然人（或法人）也可以是多个自然人（或法人）。这类企业的特点是由出资者自主经营，自负盈亏。伴随着国有经济的改革发展，非国有经济的改革发展也在迅速推进，形成了最鲜明、最活跃、最快速的经济发展场景。党的十八大以来，民营企业进入转型升级、领域快速拓宽、混合所有制快速发展的新时期。

（二）按生产要素所占比例划分的企业类型

按生产要素所占的比例，可以将企业分为劳动密集型企业、技术密集型企业、知识密集型企业三种类型。

劳动密集型企业是指用人较多、技术装备程度较低、产品成本中劳动消耗所占比重较大的企业。我国现阶段劳动密集型企业较多，尤其是在农副产品加工、餐饮、手工艺品等行业。劳动密集型企业对解决我国的劳动就业问题意义重大。

技术密集型企业又称资金密集型企业，它是指资金投资较多、技术装备程度较高、用人相对较少的企业。技术密集型企业一般在钢铁、大型机械、石油石化、造船、化工等行业较多。技术密集型企业的发展代表着一个国家工业化发展的水平，我国要大力发展技术密集型企业，以促进我国工业化水平的提高。

知识密集型企业是指拥有较多的中高级技术人员，综合运用先进的科学技术进行高精尖产品研究开发的企业。在知识密集型企业里，知识已经取代资本成为企业最重要的资源，如何在企业内部进行知识创新、知识共享，以促进企业竞争力和经济效益的提高，是目前企业界和管理理论界研究的热点。

（三）按所属经济部门划分的企业类型

按所属经济部门，可以将企业分为工业企业、农业企业、建筑企业、运输企业、商业企业、金融企业、邮电企业等。

工业企业是指从事工业性生产和劳务等生产经营活动的企业；农业企业是指从事农、林、牧、副、渔等生产经营活动的企业；建筑企业是指从事土木建筑工程施工的企业；运输企业是指利用运输工具从事运输生产和服务的企业；商业企业是指从事商品交换活动的企业；金融企业是指经营货币或信用业务的企业；邮电企业是指从事邮政业务和通信业务的企业。

随着科学技术和经济的迅速发展，需求日趋个性化、多样化，市场竞争加剧，社会化分工也越来越细，新的行业或产业层出不穷，如信息产业、航空航天业、生物产业、物流产业、环保产业、传媒业、娱乐业、体育产业、花卉业、会展业等。

第二节　企业战略管理

一、企业战略管理基本概念

（一）企业战略的特点

尽管管理学派和经理们对战略定义的认识有很多分歧，但是对战略特点的认识基本一致。概括起来，企业战略具有以下特点。

1. 全局性

企业战略以企业全局为研究对象，按照企业总体发展的需要，规定企业的总体目标，确定企业的总体行动方向，追求企业的总体效果。虽然它必然包括企业的局部活动，如下属经营单位的活动、职能部门的活动等，但是这些局部活动都是作为总体行动的有机组成部分在战略中出现的。也就是说，企业战略不是专为企业某一局部或单项活动谋划的方案，而是把注意力放在企业的总体发展上。这也就决定了企业战略具有综合性和系统性。

2. 长远性

企业战略既是企业谋取长远发展的反映，又是企业在未来较长时期（3 年或 5 年以上）内如何生存和发展的通盘筹划。这就是说，企业战略着眼于企业的未来，是为了谋求企业的长远发展和长远利益。因此，那种不顾企业长远发展的一切短期行为，都是缺乏战略眼光的行为。虽然在制定战略时，要以企业内外条件的当前情况为出发点，在战略实施中必须搞好当前的生产经营活动，但是，这一切不仅是为了当前，更是为了长远发展，当前是长远发展的起点。企业战略的长远性决定了企业战略的方向性和阶段性。

3. 竞争性

这是指企业战略是关于企业在竞争中如何与竞争对手抗衡的行动总方案，同时也是针对来自各方的各种冲击、压力、威胁和困难，迎接挑战的行动方案。它不同于那些单纯以改善企业现状、增加效益、提高管理水平等为目的，而不考虑如何竞争、如何迎接挑战的行动方案。应当明确的是，现代的市场总是与激烈竞争密不可分的，企业只有正视竞争，参与竞争，准确地谋划具有竞争取胜性的战略，才能保证自己的生存和发展。企业战略的产生和发展，就是因为企业面临激烈竞争和严峻挑战，否则企业就不需要战略了。

4. 纲领性

这是指企业战略所规定的关于企业的总体长远目标、发展方向、前进道路、发展重点，以及应采取的基本行动方针、重大措施和基本步骤，都充分体现原则性、概括性的特点，是企业的行动纲领。要将企业战略变成实际行动，还需要进一步将其展开、分解和具体化，形成企业计划。

5. 动态性

这是指企业战略必须是稳定性与灵活性密切结合的行动方案。企业战略是关于企业长远发展的行动纲领，不能频繁变化，使企业职工无所适从，其必须是稳定的。同时，企业战略又必须在其执行过程中，根据企业内外条件的重大变化，尤其是那些原来未预料到的重大变化，及时调整战略方案的内容，甚至在必要时废弃原来的战略方案，重新制订新的战略方案。战略的动态性，就是指企业根据内外部条件的重大变化，及时对企业战略进行必要的调整或重新制定。

6. 风险性

企业战略是对未来发展的规划，然而环境总是处于不确定的和变化莫测的趋势中，任何企业战略都伴随风险，如财务风险、经营风险。企业管理者必须习惯于管理各种不确定性，正确地认识、化解乃至创造并利用不确定性。企业战略规划一般流程是从战略分析、战略选择、战略实施到战略控制，是一个渐进螺旋式调整上升过程，整个过程都存在各种各样的不确定性风险。

7. 相对稳定性

企业战略一经制定，在较长时期内要保持稳定（不排除局部调整），以利于企业各级单位和部门努力贯彻执行。战略的稳定性是由战略的全局性和长远性决定的。不论是何种战略，它的生命周期的终结，都依赖于战略目标的最后实现，这是战略之所以具有稳定性的重要原因。当然，战略的稳定性也是一个相对概念。任何战略只是大致的谋划，其本身就是粗线条的、有弹性的。战略出现明显错误或战略赖以存在的条件发生了重大变化，就需要对战略进行调整和修正。但这种情况应该尽量避免，要提高战略的科学性和适应性。否则，战略朝令夕改势必失去战略的实际价值，并且会造成不必要的损失。

8. 复杂性

企业战略的制定是企业高层领导人价值观念的反映，它是一种高智慧的复杂脑力劳动，是集体决策的结果，是一种非程序性决策，完全要靠战略咨询专家及企业高层领导团队的政治敏感、远见卓识、捕捉机遇、战略技巧的有机组合才能制定出好的企业战略，因此战略制定过程是非常复杂的。新战略的贯彻实施会牵涉企业产品结构、组织机构、人事安排的调整，关系到企业内部干部和职工的切身利益、权力、地位等问题。实际上，企业战略的实施是企业内部高层领导者政治权力平衡的结果，因此，企业的董事长或总经理如果没有坚定的决心，即使企业战略制定得很好，也未必能贯彻到底。事实也证明，有的企业战略贯彻 1～2 年就被迫停下来，因为阻力太大，贯彻不下去。只有企业的董事长或总经理具有贯彻战略的坚定决心，排除企业内外一切干扰，又制定了切实可行的措施，企业战略才能得到贯彻，因此战略的贯彻实施也是非常复杂的。

（二）企业战略管理的特征及观念

1. 企业战略管理的特征

基于上述企业战略的特点，企业战略管理具有以下主要特征。

（1）一般来讲，企业战略管理的主体是企业高层领导。由于企业战略涉及企业的整体，既涉及企业资源的调配和使用，还涉及企业内部的各项职能和各个经营单位，只有高层领导才能全面、综合考虑到企业的各个方面，有权对资源进行调度，因而高层领导参与决策是必不可少的。

（2）战略性决策通常是涉及面很广的决策。企业中很多战略性问题的决策都涉及企业内部的各个部门，如用户构成、竞争重点、组织结构问题等，各个部门都会受到由这种决策所引起的资源调配和职责分工的影响。

（3）企业战略管理要体现对未来的预见性。企业战略的制定是基于高层领导人员的预测和判断，而不是基于已知事实，为此必须考虑多种方案并对之做出权衡选择。在变动和竞争的环境中，企业若要取得成功，就不能对未来的变革被动地做出反应，而是要持主动进攻的态度。

（4）企业战略管理要适应企业内外部环境的变化。企业战略受到外部环境因素的制约，所有的企业都处于一个开放系统之中，它受到环境的影响，也影响环境，而这些环境因素基本上都不受企业控制。企业在未来的环境中要取得成功，不仅要看自己的经营，而且要注意竞争对手、用户和供应者等的行动。

2. 从战略管理的角度讲，企业应该树立的几个观念

（1）系统总体优化的观念。企业作为系统，其战略性的决策应从系统总体出发进行优化，尽量防止从局部出发的优化。运用系统辩证思维方法，将企业看作一个系统整体，研究企业内部人、财、物各子系统的协调，使生产要素得到合理配置，才能使企业系统整体化，提高企业经济效益，以最少的人、财、物消耗，获得最佳的经济效益。

（2）有限的合理性的观念。从企业总体出发对战略进行优化是一个重要原则，但在贯彻中必然涉及诸多复杂因素，其中还有相当多的因素是不确定的。由于决

策受到时间和信息不充分的限制，往往只能在可取得的信息和时间许可的范围内寻求令人满意的方案。此外，战略决策除理性因素外，还要受非理性因素，如组织结构和人的行为因素等的制约，因此，以有限合理性为基础，考虑非理性的因素，是又一个重要的战略观念。

（3）资源有限的观念。企业在经营中具有的和可取得的资源是有限的，为此，在战略决策中必须有所取舍，不能贪多求全，应把有限的资源有重点地用在建立某些方面的优势，而不是追求建立全面优势。对资源的调配使用还应该分清轻重缓急，制定出先后顺序，避免因某些偶然事件的发生而导致资源的调配偏离企业的发展方向和战略部署。

（4）权变的观念。所谓权变，指的是要对环境所发生的变化，以及这些变化会对企业产生的后果进行比较准确的估计，以便为随时采取适当的应变战略方案做好准备。企业经营所处的环境总是或多或少地在发生变化，企业的战略必须适应环境的变化，但是只从原则上承认要随着环境条件的变化而变化是远远不够的。

二、企业战略的构成要素与分类

（一）企业战略的构成要素

从企业为达到战略目标所采用的途径、手段来看，企业战略的构成要素有四种。

1. 经营范围

经营范围是指企业生产经营活动所包括的领域，可以是单一领域，也可以是多个领域。按照时间的不同，企业的经营范围可分为两种：一种是现时经营范围，即企业现时生产经营活动所包括的领域；另一种是未来经营范围，即根据企业内外发展变化在战略中所确定的生产经营活动包括的未来领域。

一个企业在战略中应该以自己所能涉及的经营领域中与自己最密切的领域作为经营范围。因此，对于大多数企业来说，应根据自己可以涉及的行业、自己的产品和市场来确定经营范围。

界定经营范围的方式有如下几种。

（1）从产品角度看，企业可以按照自己产品系列的特点来定义，如橡胶产品、机床等，或者从产品系列内含的技术来定义自己的经营范围，如光导纤维、半导体器件等。

（2）从市场角度看，企业可以根据自己所在市场来定义经营范围，具体方法又分两种：一种是以企业的顾客是谁来定义；另一种是以可以满足顾客的什么需求来定义。

（3）在多种经营情况下，企业不能仅从某一种行业角度或产品、市场角度来定义自己的经营范围，这时就需要多方位、多层次地研究自己的市场与顾客，以便更准确地定义经营范围。

2. 资源配置

企业资源是企业实现生产经营活动的支撑点。企业不仅应获得必要的资源，而且还应善于合理地配置与运用资源，这样才能很好地开展生产经营活动。否则，企业的经营范围就要受到限制。资源配置是指企业对所拥有资源（包括财力资源、物力资源、人力资源和技术资源）是按什么水平和模式进行配置的，这是企业的一种特殊能力。当企业针对外部环境的变化考虑采取相应的战略行动时，一般都要对已有的资源配置模式进行或大或小的调整，以支持企业总体战略行动。

3. 竞争优势

竞争优势是指企业在竞争中高于竞争对手的、关系经营全局成败的优势地位和强大实力，它具有战胜竞争对手的作用。比如：领先于时代的技术水平、享誉全球的产品品牌、独特的生产工艺及产品配方等。

从战略角度看，企业竞争优势主要是由以下因素构成的。

（1）企业具有的得天独厚的客观条件，包括对企业经营活动非常有利的自然条件和政策条件。

（2）实力雄厚的物质基础。一个企业若有雄厚的物质基础，就会使竞争对手无法与之抗衡。

（3）高超非凡的生产经营能力，包括技术开发能力、经营管理能力和公共关系能力等。它集中表现为企业开拓市场、占领市场并赢得市场的能力。

（4）出奇制胜的竞争行动，包括通过深入谋划、巧妙设计所产生的策略高明、手段强劲、时机恰当，使竞争对手始料不及、无法招架的各种竞争行动。

4. 协同作用

协同作用是指两个以上事物如果能够有机地结合、协调，共同发挥作用，会使效果大于各个事物分别作用的效果之和。它具体落实到企业战略，就是指企业进行资源配置、确定经营范围和创建企业优势决策时，要追求匹配、协调、互利、互补，使企业总体资源的收益大于各部分资源收益之和，使企业全局效益大于企业各个局部效益之和。

一般来讲，协同作用有以下四种。

（1）投资协同作用。这是指通过企业内各单位联合利用企业的设备、共同的原材料储备、共同的研究开发能力，以及分享企业专用工具和专有技术等所产生的增效作用。

（2）作业协同作用。这是指充分利用已有人员、设备，使企业内部尽最大可能共享信息，并且让共享的信息渗透到企业的业务流程中，从而使企业成本降低。

（3）销售协同作用。这是指通过使用共同的销售渠道、销售机构和推销手段等所产生的增效作用。

（4）管理协同作用。这是指通过共同运用企业内部某一单位管理经验（包括原有的和新近总结的）产生的增效作用。

上述四种协同作用发挥的基本过程是通过协同机会识别、信息沟通、要素整合、信息反馈等一系列协同活动共同作用，最终实现协同效应的。

企业战略构成的要素中，前三项主要决定着企业效能的发挥程度，后一项是决定企业效率的首要因素。

（二）企业战略的内容

一个完整的战略至少包含以下三方面的内容。

首先，它是一种规划，即应规划出企业发展的未来之路。战略为企业的经营方向描绘了一幅蓝图，因而必须具有前瞻性，必须用于指导企业的业务经营，而不应是业务经营的附属品。

其次，战略作为一种规划具有很强的策略性，它的目的在于赢得相对于竞争对手的持续竞争优势。而且，战略还应成为一种将企业各事业部、各职能部门、不同管理人员、不同员工的决策和行动统一为一种覆盖全企业协调一致的决策和行动的策略方法。在战略框架下，企业内跨部门分散的行动将形成一个以统一的目标和策略为中心的整体，个人的努力也将被汇聚成方向一致的团队力量。

最后，对于成功的企业而言，仅仅拥有完美的策略规划是远远不够的，要根据战略合理配置企业资源，并确保在战略的指引下自始至终采取协调一致的行动。

（三）企业战略的类型

企业战略一般分为企业总体战略和企业经营战略两大类。企业总体战略考虑的是企业应该选择进入哪种类型的经营业务，经营战略考虑的则是企业一旦选定某种类型的经营业务，应该如何在这一领域里进行竞争或运行。

1. 企业总体战略的基本职能与分类

企业总体战略是涉及企业经营发展全局的战略，是企业制定经营战略的基础。

企业总体战略主要有以下三个基本职能：①全局性、长远性重大战略问题的决策。企业总体战略首先要解决的问题是，通过对目前经营结构的分析评价，确定扩大那些处于成长期、收益性好的市场或事业，缩减那些处于衰退期、收益性差的市场或事业，还要通过对未来环境的分析预测，寻找有利的发展机会，确定应该积极发展的市场与事业。这种经营结构的变革，还涉及其他一系列重大决策。例如，企业使命和企业目标的确定；企业生产经营规模的确定；增强企业优势、提高企业竞争能力的决策；新技术、新产品开发的决策；搞好对外协作、合作经营、营销活动的决策等。②协调所属各经营单位的经营活动。这种协调工作会使企业的整体竞争能力和发展能力提高，使企业战略的有效性大大超过各个独立经营单位经营活动效果的简单总和。其主要内容是使企业或所属经营单位具有的资源和能力共同享用，各经营单位之间在生产经营活动中能够紧密配合、相互支持。③合理有效地配置资源。一个企业的资源是有限的，因此，必须把有限的资源运用到最有可能使企业获得最大利润、保证企业能得到最大发展的项目上。同时，还要使企业的资源有良好的流动性，从经营差的经营单位及时流向经营好、迫切需要发展壮大的经营单位，使企业的资源经常处于充分发挥作用的优化状态。

一般来说，企业总体战略可分为以下五种类型。

（1）单一经营战略。单一经营战略是企业把自己的经营范围限定在某一种产品上。这种战略使企业的经营方向明确、力量集中，具有较强的竞争能力和优势。单一经营战略的优点是：把企业有限的资源集中在同一经营方向上，形成较强的核心竞争力；有助于企业通过专业化的知识和技能提供满意和有效的产品和服务，在产品技术、客户服务、产品创新和整个业务活动的其他领域开辟新的途径；有利于各部门制定简明、精确的发展目标；可以使企业的高层管理人员减少管理工作量，集中精力，掌握该领域的经营知识和有效经验，提高企业的经营能力。单一经营战略的风险是：由于企业的资源都集中于某一种或某一类产品，当行业出现衰退或停滞时，难以维持企业的长远发展。

（2）纵向一体化战略：纵向一体化战略是指企业在同一行业内扩大企业经营范围，后向扩大到供给资源，前向扩大到最终产品的直接使用者。企业实行纵向一体化战略的目标是提高企业的市场地位和保障企业的竞争优势；后向一体化可以在原材料供给需求大、利润高的情况下，把一个成本中心变成利润中心，还可以摆脱企业对外界供应商的依赖。纵向一体化战略的不足之处是需要的投资资本较大。

（3）多元化战略：多元化战略是指企业通过开发新产品、开拓新市场相配合而扩大经营范围的战略。这种战略一般适用于那些规模大、资金雄厚、市场开拓能力差的企业。其作用主要是分散风险和有效地利用企业的经营资源。

多元化战略的优点是：实施这一战略不仅能使企业挖掘现有资源潜力、节约成本、增加利润、分散风险，而且能把企业原有的经验运用到新的领域，通过资源共享和经营匹配，迅速建立起比单一经营企业更强的竞争优势，获得更多的利润。

多元化战略的缺点是：企业运营成本高；多元化经营的人才资源需求量很大，管理成本很高；有限的资源过于分散；实行多元化经营的时机难以掌握；产业选择失误的成本高等。

（4）集团化战略。集团化战略是指企业通过组建企业集团来推动企业发展的一种企业发展战略。对企业来说，集团化经营有利于相互协作、相互渗透和相互扶助，扬长避短，促进技术和生产的发展，提高管理水平，获得规模经济，提高企业的综合经济效益。

（5）国际化战略。国际化战略是指实力雄厚的大企业把生产经营的方向指向国际市场，从而推动企业进一步发展的战略。实施国际化战略的企业常用的方式有商品输出和建立跨国公司两种。从国际上看，商品输出往往是企业国际化的起点，由于实施跨国经营会面临各种关税和非关税壁垒，所以一些资金雄厚、生产技术和经营能力强的企业，在开拓并比较巩固地占领了国外市场后，常常会在海外国际市场建立独资或合资企业，以充分利用当地政府的各种优惠政策，绕过所在国的贸易壁垒，降低生产和营销成本，强化竞争能力。

2. 企业经营战略的分类

企业经营战略是企业为了实现自己的目标，对企业在一定时期内的经营发展的总体设想与谋划。经营战略是企业总体战略的具体化，其目的是使企业的经营结构、资源和经营目标等要素，在可以接受的风险限度内，与市场环境所提供的各种机会取得动态的平衡，实现经营目标。

人们按照不同的标准对企业的经营战略进行了不同的分类。

（1）按照战略的目的性，可把企业经营战略划分为成长战略和竞争战略。成长战略的重点是产品和市场战略，即选择具体的产品和市场领域，规定产品和市场的开拓方向和幅度。竞争战略是企业在特定的产品与市场范围内，为了取得差别优势，维持和扩大市场占有率所采取的战略。从企业的一般竞争角度看，竞争战略大致有三种可供选择的战略：低成本战略、产品差异战略和集中重点战略。

（2）按照战略的领域，可以把企业的经营战略划分为产品战略、市场战略和投资战略。产品战略主要包括产品的扩展战略、维持战略、收缩战略、更新换代战略、多样化战略、产品组合战略等。市场战略主要有市场渗透战略、市场开拓战略、新产品市场战略、混合市场战略、产品寿命周期战略、市场细分战略和市场营销组合战略等。投资战略是一种资源分配战略，主要包括产品投资战略、市场投资战略、技术发展投资战略、规模化投资战略和企业联合与兼并战略等。

（3）按照战略对市场环境变化的适应程度，可以把企业经营战略划分为进攻战略、防守战略和撤退战略。进攻战略的特点是企业不断开发新产品和新市场，力图掌握市场竞争的主动权，不断提高市场占有率。进攻战略的着眼点是技术、产品、质量、市场和规模。防守战略也称维持战略，其特点是以守为攻，后发制人。它所采取的战略是避实就虚，不与对手正面竞争；在技术上实行拿来主义，以购买专利为主；在产品开发上实行紧跟主义，后发制人；在生产方面着眼于提高效率，降低成本。撤退战略是一种收缩战略，目的是积蓄优势力量，以保证在重点进攻方向取得胜利。

（4）按照战略的层次性，可把企业经营战略划分为公司战略、事业部战略和职能战略。公司战略是企业最高层次的战略，其侧重点是确定企业经营的范围和在企业内部各项事业间进行资源分配。事业部战略是企业在分散经营的条件下，各事业部根据企业战略赋予的任务而确定的战略。职能战略是各职能部门根据各自的性质、职能制定的部门战略，其目的在于保证企业战略的实现。

企业的总体战略和经营战略有很多种。根据企业实际的经营业务的特点，本书重点对六种目前企业广泛运用的职能战略进行详细阐述：①营销战略。营销战略具体来讲包括市场战略、产品战略、定价战略、促销战略和营销组合战略等。②企业发展战略。企业发展战略主要包括一体化战略、多元化战略、全球化战略、电子商务战略和虚拟经营战略等。③企业 CI 战略。企业 CI 战略主要包括企业 CI

设计战略和 CI 实施战略。CI 系统包含三大部分：MI 系统（理念识别系统）、BI 系统（行为识别系统）、VI 系统（形象识别系统）。作为企业文化的主要内容，CI 战略是形成企业全体员工共同的价值观的重要手段，可以培育和创造一种符合企业实际、催人向上、开拓创新、永争一流的企业精神。④企业财务战略。企业财务战略主要包括企业筹资战略、企业资金运用战略、企业财务战略和效益评估战略。⑤企业人力资源战略。企业人力资源战略主要包括企业人力资源规划战略、人力资源开发战略、薪酬管理战略和绩效管理战略等。⑥企业国际化经营战略。企业国际化经营战略主要是指企业内部国际竞争战略和企业外部国际竞争战略，包括技术竞争战略、质量竞争战略、成本竞争战略、行业并购与专业化战略、跨国联盟竞争战略等。

三、企业战略的作用与任务

（一）企业战略的作用

1. 战略可作为决策的支持

战略是成功的一个关键因素，因为战略可以使个人或组织所做的决策前后一致，统一在一个主题之下。即使在一个最小的企业里，每天都得做出数以百计的决策，对于每一个决策，都要充分考虑决策变动的可能后果。但是，由于人们生活的社会具有信息不对称性，不可能掌握做出决策所需的所有信息，即使掌握所有需要的信息，其决策也不一定准确，战略过程中存在有限理性。所以说，战略决策主观性产生的根源是经营环境的不确定性和决策者的有限理性。

2. 战略可作为协调和沟通的载体

战略有助于使决策前后一致，保持连贯性。相应地，在一个结构复杂的组织中，战略可以起到载体作用，使不同部门和不同个人的决策保持一致。组织是由大量个体构成的，而这些个体都会做出决策，这就使组织面临着一个大问题：如何协调这些不同的决策？在这种情况下，要使战略能够协调不同的决策，就要求它能在公司内发挥沟通的作用，将战略制定的责任从公司计划部门转移到直接管理者身上。

3. 战略强化了企业经营的目标性

在表述公司的未来目标时，战略起着连接当前任务和未来前景的作用。确立公司的未来目标不仅可以为战略制定提供指导方针，还能为公司展示未来的远大宏图。因此，战略的第三个作用就是它可以作为组织的目标。进入 21 世纪以来，我国部分国有企业竞争力下降，同时一大部分乡镇企业失去了 20 世纪 80 年代的经营活力，说到底就是没有明确的企业发展战略，当市场需求发生变化、竞争进一步加剧时束手无策，很快就失去了竞争能力。

4. 战略可强化塑造自我的主动性

企业战略是把不适应（或适应）当前环境的企业，塑造成适应未来环境的企业，这是对企业进行的改造，是对企业的重塑。强化战略管理，就是强化企业进行这种塑造的能力，实际上就是得到了塑造企业的有效工具。对于塑造企业者来说，有了这样良好的塑造工具，当然会增强其进行这种"塑造"的主动性，也就是从事企业自我塑造的主动性。这种主动性会推动企业从小到大、从弱到强，走上持续成长的道路。

5. 战略有利于创造富有特色的企业文化

每一个企业都有自己独特的文化，这种文化是一股无形的力量，它影响并规定着企业成员的思维和行为方式，从而对落实企业战略产生重大的影响。因此，创造富有特色、活力的企业文化是实施战略的重要内容。

企业在一定时期所实施的战略与原有企业文化有时是一致的，有时可能发生冲突。高层管理人员必须根据不同的情况，采取不同的对策。如果企业现有的企业文化能够适应战略的变化，企业战略的实施就处于非常有利的地位。企业高层管理人员的职责是运用企业文化支持战略的实施。如果企业文化与企业现行的战略不相一致，企业高层管理人员应首先考虑制定新的战略，或者对新战略做出适当的修正，以防止原有文化阻碍新的战略的实施。如果企业文化不符合环境的变化，企业高层管理人员就要考虑改变原有的企业文化，使之适应企业战略实施的要求。

6. 战略可推动企业领导和员工树立新的经营观念

战略管理是企业制定和实施战略的一系列的管理决策和行动，是对企业的生产经营活动实施总体性管理的过程，其核心是为了企业的长远生存发展，使企业能更好地适应不断变化的环境。实施这种总体性的管理，必须以新的经营观念为基础，又要在实施这种总体性管理的过程中树立新的经营观念。这些新经营观念包括：适应环境变化的观念；不断强化竞争优势、核心能力的观念；适时重组企业结构的观念；与企业外部组织建立战略同盟的观念等。

7. 战略可提高员工对企业的责任心

实施战略管理，重要的目的是使企业全体员工了解企业当前和未来面临的经营形势，企业要进一步分析应解决的重大问题，企业下一步的发展目标和措施，企业各部门、各单位应当完成的任务，每个员工个人应当担负的责任，以及员工个人在企业发展过程中可能获得的成长和利益。实践经验表明，如果企业在战略制定过程中能够达到此项目标，那么企业员工的凝聚力就强，士气就旺，积极性和创造性就高。其根本原因就是通过战略管理过程，特别是通过员工参与企业战略的制定，使员工了解上述情况，提高员工的主动性，增强员工的责任心。

（二）企业战略的任务

企业战略管理包括六项相互联系的基本任务，即制定企业的远景规划和业务使命、建立目标体系、战略分析、战略制定、战略实施、战略评价。

1. 制定企业的远景规划和业务使命

远景是企业对其前景所进行的广泛的、综合的和前瞻性的设想，即企业要成为什么，这是企业为自己制定的长期为之奋斗的目标。它是用文字描绘的企业未来远景，使人们产生对未来的向往，从而使人们团结在这个伟大的理想之下，集中他们的力量和智慧来共同奋斗。远景规划描绘的是企业未来发展的蓝图，即企业前进的方向、企业的定位及将要占领的市场位置和计划发展的业务能力。在未来的 5 ~ 10 年或更长的时间里，企业究竟要成为什么类型的企业？在企业决定进入的业务领域，究竟要占据什么样的市场位置？企业管理者对这两个问题的清晰回答就构成了企业的远景规划。明确的企业远景规划是制定战略的前提条件，如果企业前进的方向尚不明确，要在竞争中获得成功需要建立哪些能力也不明确，那么企业战略的制定及经营决策便缺乏明确的指导。

企业当前的业务选择及要为顾客所做的一切便构成了企业的业务使命。明确的业务使命应清晰地表达企业现在正从事的业务及要满足的顾客需求。与远景规划相比，业务使命主要描述的是"企业现在正在从事的业务是什么"，而对"企业未来的业务将是什么"涉及不多；而远景规划更多地关注企业未来发展的业务选择。当然，有些企业在进行战略描述时也会将二者合二为一，即不但清晰地描述企业现在的业务，还明确企业未来的前进方向和业务范围。定位清晰的企业远景规划和业务使命可以将其与行业中的其他企业区别开来，使自己拥有独特的形象、独特的业务及独特的发展道路，从而使顾客更容易识别和记忆。

使命是企业存在的目的和理由，只有企业以某种技术，在某些地区，以某种可获利的价格，向某些顾客提供了某种产品或服务，满足了他们的某种需求，企业才能盈利。集中考察刚刚起步的企业可能会更好地理解企业使命。开办一个新企业时，不是决定利润多少，而是决定要满足的需求、顾客和所采用的技术。所以，要想获得一个在战略的角度上清晰明了的业务界定，必须包括下面三个要素。

（1）顾客的需求。企业需要满足的需求是什么？仅仅知道企业所提供的产品和服务是远远不够的。顾客需要的不是产品或服务本身，而是产品或服务提供的功能，而这种功能能够满足他们的某种需求。没有需求或需要，也就没有业务可言。

（2）顾客。需要满足的对象是谁？企业定位的顾客群是什么范围？顾客群这个因素之所以重要，是因为他们代表了一个需要提供的市场，即企业打算在哪些地理区域内展开竞争，以及企业追逐的购买者类型如何。

（3）技术和活动。企业在满足目标市场时所采用的技术和开展的活动。这个因素表明企业是如何满足顾客需求的，以及企业所覆盖的活动是行业的生产—分销价值链的哪些部分。例如，大型的跨国石油公司（如埃克森石油公司）所做的业务包括租赁采油场、钻油井、实地采油，用自有的油轮和管道将原油输送到自己的炼油厂，以及通过自己的品牌分销商和服务分店网络销售石油和其他精炼产品。这些业务覆盖了整个行业生产—分销价值链的各个阶段。而有些公司则是专业厂商，只集中经营行业整个生产—分销价值链的某一个阶段。

2. 建立目标体系

公司的远景规划描述的往往是一段较长时间后公司的理想状态，要达到这种理想状态需要公司的管理者和员工付出持久、积极的努力。在这个过程中，需要不断对公司的运营状况进行评估与监控，衡量公司的现实运营是否保持正确的方向，前进的速度是否足够快。

明确一致的目标是高效率企业共同的特征之一。建立目标体系就是要将企业的远景规划和业务使命转换成明确、具体的业绩目标，从而使企业的发展过程有一个可以衡量的标准。好的目标体系使企业的各级执行者在采取行动时方向更加明确，努力更有成效。同时，好的目标体系应具有一定的挑战性。具有挑战性的目标往往能使企业更具创造力，使员工的紧迫感和自豪感更强烈。也就是说，如果想获得卓越的结果，就应该制定卓越的目标。

企业的目标体系还需要层层分解，使企业的每一个业务部门及每一个员工都能清晰地知道自己的组织及本人的具体子目标，而且这些子目标完全承接了企业的战略目标。这样，只要企业中每一个部门或员工都能努力完成其职责范围内的任务和目标，那么企业的战略目标及远景规划的实现都不会有什么问题。正是由于企业的战略目标会最终落实在每个部门和员工的身上，所以企业目标体系的建立需要所有管理人员的参与，目标体系的分解则需要所有员工的参与，所以，企业目标的有效分解有助于在整个组织范围内形成一种以业绩为导向的工作氛围。

企业的目标体系应该既包括着眼于提高企业的短期经营业绩的短期目标，又包括关注企业在更长的时期内持续发展的长期目标。如果企业的短期目标和长期目标发生冲突，那么在大多数情况下，企业的领导者在经营策略及资源配置上应优先考虑企业的长期目标，这应该成为企业一条基本的管理准则。

3. 战略分析

战略分析目的是结合企业的目标，通过内外部环境分析找到影响企业发展的关键因素，并为接下来的战略制定奠定基础。具体内容包括外部环境分析与内部环境分析。

（1）外部环境分析。外部环境主要是探究外部环境存在怎样的机会与威胁。内容包括宏观环境分析、产业环境分析、竞争环境分析、国际竞争优势分析，分别会用到 PEST 分析方法、五力模型分析、产业集群分析等方法。

（2）内部环境分析。内部环境分析主要是通过分析企业的资源、能力来寻找企业核心竞争力。结合外部存在的机会与威胁，合理利用企业的核心竞争力为企业创造价值，这就是战略制定的基础。

4. 战略制定

制定一个能带动企业走向胜利的战略是每一个企业的高层管理团队最优先的管理任务。如果没有战略，或者战略不够清晰，那么企业的经营运作就没有一个明确的指导，就难以形成满足市场需求、获取竞争优势、达成企业目标的具体策略。如果没有战略，就会缺乏一种整体性的策略原则而无法将不同部门的运作凝聚成一种统一的团队力量，企业的管理者将难以协调各部门的分散决策和行动，无法形成合力，从而有可能使企业的各种努力互相抵消。

战略制定包括确定企业任务、认定企业的外部机会与威胁、认定企业内部优势与弱点、建立长期目标、制定供选择的战略以及选择特定的实施战略等内容。

战略制定过程所要决定的问题包括企业进入何种新产业、放弃何种产业、如何配置资源、是否扩大经营或进行多元经营、是否进入国际市场、是否进行合并或建立合资企业等。

任何企业都不可能拥有无限的资源，战略制定者必须明确，在可选择的战略中，哪一种能够使企业获得最大收益。战略决策一旦做出，企业将在相当长的时期内与特定的产品、市场、资源和技术相联系。经营战略决定了企业的长期竞争优势。无论结果好坏，战略决策对企业都具有持久性的影响，它决定了企业各主要经营活动的成败。

在战略制定过程中会有多个选择，企业要进行挑选。战略要获得成功，应该建立在企业的独特技能以及与供应商、客户及分销商之间已经形成或可以形成的特殊关系之上。对于很多企业来说，这意味着形成相对于竞争对手的竞争优势，这些优势是可以持续的；或者是某种产品—市场战略，如市场渗透、新产品的开发及多元化经营等。

战略的另一个方面是形成相对于竞争对手的竞争优势，利用自己的强项，克服或最小化自己的弱项。强项包括使企业具有竞争优势的技能、专业技术和资源。弱项是指使企业处于不利地位的某个条件或领域。在公司和业务单位层面上可以制定不同的战略。

（1）公司（总体）战略选择。公司层面的战略选择包括成长型战略、稳定型战略和收缩型战略。成长型战略是以扩张经营范围或规模为导向的战略，包括一体化战略、多元化战略和密集型成长战略；稳定型战略是以巩固经营范围或规模为导向的战略，包括暂停战略、无变战略和维持利润战略；收缩型战略是以缩小经营范围或规模为导向的战略，包括扭转战略、剥离战略和清算战略。

（2）业务单位战略选择。业务单位层面的战略主要包括成本领先战略、产品差异化战略和集中化战略三个基本类型。在上述战略中进行选择的标准包括：该战略是否适合企业环境；是否符合利益相关者的预期；从企业的资源和能力来看是否切实可行。

（3）职能战略选择。职能战略选择是指各个职能部门根据总体战略及业务单位战略制定的各部门战略。这是最底层的战略，也是最为详尽的战略。它包括市场营销战略、生产运营战略、人力资源战略、财务战略等。

5. 战略实施

战略实施是指将企业的战略计划变成实际的行动，然后转变成有效的结果，完成战略目标。战略实施是战略管理中最复杂、最耗时也是最艰巨的工作。在性质上与战略制定不同，战略实施完全是以行动为导向的，它的全部工作就是要让事情正确地发生。它基本上包含管理的所有内容，必须从企业内外的各个层次和各个职能入手。战略实施所包含的工作内容包括建设企业文化、完善企业规则和制度、制定策略方针、拟定各种预算、组织必要的资源、实施控制与激励、提高企业的战略能力与组织能力等。

战略实施的关键在于其有效性。要保证战略的有效实施，要通过计划活动，将企业的总体战略方案从空间上和时间上进行分解，形成企业各层次、各子系统的具体战略或策略、政策，在企业各部门之间分配资源，制定职能战略和计划；制订年度计划，分阶段、分步骤来贯彻和执行战略。为了实施新的战略，要设计与战略相一致的组织结构。这个组织结构应能保证战略任务、责任和决策权限在企业中的合理分配。一个新战略的实施对组织而言是一次重大的变革，变革总会有阻力，所以对变革的领导是很重要的。这包括培育支持战略实施的企业文化和激励系统，克服变革阻力等。

虽然不同的企业实施战略的方式并不完全一样，所承担的主要任务也不尽相同，但不管怎样，战略实施都应包含如下八项基础任务。

（1）建立一个成功实施战略所必备的富有经验和能力的强有力的组织。

（2）组织获得实施战略所必备的资源，并分配到关键性的战略环节和价值链活动中。

（3）制定支持战略的程序和政策，包括战略业务流程与激励政策等。

（4）按照计划开展战略实施过程中的实践活动，并采取措施促进活动效果的改善。

（5）建立起有效的沟通、信息及运作系统，使企业的所有人员都能更好地扮演他们在战略管理中的角色。

（6）在适当的时机以适当的方式进行适当的激励，以鼓励战略目标的实现。

（7）建立一种与企业战略相匹配的组织文化和工作环境。

（8）充分发挥战略实施过程中企业中高层管理人员的领导作用，在他们的带动下不断提高战略实施的水平。

战略实施往往被认为是战略管理的行动阶段。战略实施意味着动员雇员和管理者将已制定的战略付诸行动。战略实施往往被看成是战略管理过程中难度最大的阶段，它要求企业雇员遵守纪律，有敬业和牺牲精神。战略实施的成功与否取决于管理者激励雇员能力的大小，它与其说是一门科学，还不如说是一种艺术。已经制定的战略无论多么好，如未能实施，便不会有任何实际作用。

6. 战略评价

战略评价是战略管理过程的最后阶段。管理者非常需要知道哪一个特定的战略管理阶段出了问题，而战略评价便是获得这一信息的主要方法。由于外部及内部因素处于不断变化之中，所有战略都将面临不断调整与修改。基本的战略评价活动如下。

（1）重新审视外部与内部因素，这是决定现时战略的基础。

（2）度量业绩。

（3）采取纠正措施。

在大型企业中，战略的制定、实施与评价活动发生在三个层次：企业层次、分部（分企业）或战略事业部层次、职能部门层次。通过促进企业各层次管理者和雇员间的相互交流与沟通，战略管理有助于使企业形成一个竞争集体。绝大多数小企业和一些大企业不设立分部或战略事业部，它们只分企业层次和职能部门层次，处于这两个层次的管理者和雇员也应共同参与战略管理活动。

第二章 企业管理战略环境分析

第一节 企业外部环境分析

一、外部环境概述

（一）外部环境的特点

1. 企业外部环境的唯一性

虽然每个企业在其经营活动中都处于同外部环境的动态作用之中，但是对每个企业来说，它面对着自己唯一的外部条件。即使是两个同处于某一行业的竞争企业，由于它们本身的特点和眼界不同，对环境的认识和理解是不同的，因此它们也不会具有绝对相同的外部环境。环境这种唯一性的特点，就要求企业的外部环境分析必须具体情况具体分析。不但要把握住企业所处环境的共性，也要抓住其个性。同时，要求企业的战略选择不能套用现成的战略模式，要突出自己的特点，形成独特的战略风格。

2. 外部环境的变化性

任何企业都不会处于同一个永恒不变的外部环境之中，企业的外部环境总是处于不断变化的状态之中。例如企业与行业竞争者位置的改变，法律义务和法律制约的改变，执政党经济政策的改变，等等，都将引起企业环境的变化。有些变化是可预测的，是逻辑渐进式的；而有些变化是不可预测的，是突发性的。因此，没有一个企业在几个战略管理过程中始终都面临维持同样重要程度的外部环境因素。

外部环境的变化性，要求企业的外部环境分析应该是一个与企业环境变化相适应的动态分析过程，而非一劳永逸的一次性工作。战略的选择也应依据外部环境的变化做出修正或调整。企业要不断分析与预测未来环境的变化趋势，当环境发生变化时，为了适应这种变化，企业必须改变战略，制定出适应新环境的新战略，达成企业战略与环境间的新的平衡和匹配。

（二）外部环境的度量

1. 环境的复杂性

外部环境的复杂性是指企业在进行外部环境分析时所应当考虑到的环境因素的总量水平。如果企业外部的影响因素多，且各因素间相互关联，则意味着环境复杂。环境的复杂性不仅表现在环境因素的多寡上，而且还表现在环境因素的多样化方面。就是说影响企业的外部环境因素不是同属某一类或几类，而是多种多样、千差万别。一般来说，随着时代的发展，企业作为一个开放系统，它所分析的外部环境因素会有越来越多、越来越多样化的发展趋势，因而企业所面临的外部环境会变得更加复杂。

2. 环境的动荡程度或稳定性

环境影响因素随时间的变化趋势，如果不随时间变化或其变化幅度不足以影响企业的经营，则可以认为环境是静态的；反之，是动态的。可从两个方面来考察环境的动荡程度。其一是看环境的新奇性，这主要是说明企业运用过去的知识和经验对这些事件的可处理程度。对于动荡程度低的环境，企业可以用过去的经验、知识处理经营中的问题；而对于动荡程度高的环境，企业就无法仅用过去的知识和经验去处理经营中的问题。其二要看环境的可预测性。随着环境动荡程度的提高，环境的可预测性逐渐降低，不可预测性逐渐提高。在高动荡程度的环境里，企业所能了解的只是环境变化的弱信号，企业环境中更多地存在着许多不可预测的突发事件。

二、政治环境因素分析

政治环境是指一个国家或地区的政治制度、体制、政治形势、方针政策等方面。这些因素常常制约、影响企业的经营行为，尤其是影响企业较长期的投资行为。在一个稳定的政治环境中，企业才能通过公平竞争获得长期、稳定的发展。在分析政治环境时，以下四个关键战略要素值得我们关注。

（一）区域经济发展战略

区域是经济发展的重要影响因素，企业所在区域的经济发展战略对企业战略的影响非常大，在快速发展的中国更是如此。

（二）国家的政治体制

国家的政治体制是指国家的基本制度及国家为有效运行而设立的一系列制度，如国家的政治和行政管理体制、政府部门结构及选举制度、公民行使政治权利的制度等。国家的政治体制决定了政府的行为和效率。而且，政治体制常常制约着宏观经济调控的方式和力度，从而影响企业的经营方式和自身战略选择的灵活度。如在计划经济体制下，企业只是政府的附属机构，效率低下；在市场经济体制下，企业有自主权，政府只能运用间接手段对企业进行控制。

（三）政治的稳定性

政治的稳定性包括政局的稳定性和政策等方面的稳定性。政局的稳定性是指国家由于领导人的更换能否导致国家政体和政治主张的变化，国家领导人之间的关系、民族关系的稳定等。如果国家政变迭起，国家领导者之间的斗争不断，企业经营环境注定恶劣。政策的稳定性是指国家所制定的各项政策是否会经常发生变动。如果一个国家的政策朝令夕改，缺乏稳定性，那么该国企业就无法正确判断政策的变化方向及其对企业经营的有利性，企业不可能形成长远的发展战略。

（四）政府对企业的干预

政府对经济的干预手段可以分为宏观和微观两个方面。一般而言，政府干预经济的宏观目标是稳定增长，微观目标是提高市场效率。对企业而言，这两方面也就意味着来自政府的间接和直接的管理。以下分别介绍政府的干预手段对企业的影响。

1. 宏观干预手段

政府的宏观干预手段包括财政手段、货币手段、收入—价格管制。财政手段即政府的支出与收入控制。它的作用就在于利用经济学中的"乘数原理"，在萧条时刺激经济的复苏，在高涨时遏制过度的膨胀。货币手段指政府通过中央银行调节货币供应量，来影响利率的变动，从而间接影响总需求，以实现政府的宏观目标。货币手段通常是与财政手段配合使用的。收入—价格管制制度是政府常用的一种控制手段，是指政府利用法律、行政等强制力，对某一类人的工资和某一类商品的价格强制规定上限和下限，以维持宏观经济和市场秩序的稳定。企业的目标是追求低成本、高盈利，因此，收入管制对企业来说总体上是有利的。但是，收入管制也会造成一些负面的影响。比如，社会购买力可能会受到限制，当企业希望以"效率工资"（为吸引高级人才而设立的高工资）吸引高素质的人才时也会遇到障碍。在价格管制中，企业既可能有收益，也可能有损失。

2. 微观干预手段

政府对企业的直接干预主要作用于国有企业和关乎国计民生的大型、特大型企业。造成这种情况的原因一方面是国有企业的性质决定了它必须承担政府的部分职能，如社会稳定、保持垄断等；另一方面则源于大型、特大型企业的某些经营行为可以引发整个行业甚至宏观经济的震动，政府希望对其严格控制。例如，在粮食丰产年度，大型粮食企业想低价收购粮食，或是在减产年度，大型粮食企业想高价将粮食投入市场，此时，政府就不得不直接出面进行干预。

3. 行业政策

除宏观与微观干预手段外，政府还有一些介于宏观与微观、直接与间接之间的干预手段，主要是行业政策。它包括行业结构政策和行业组织政策两方面内容。行业结构政策的作用是通过扶植那些具有潜在优势，能够带动整个结构升级的行业部门的发展，并帮助那些"夕阳"行业向其他行业转移，使资源配置朝着有利于结构高级化的方向倾斜，一旦国家重点确定一些行业，那么这些行业总是会处于一种大发展的趋势。因此，处于重点行业的企业增长机会就多，发展潜力大。那些非重点发展的行业，发展速度就较缓慢，甚至停滞不前，因而处于这种行业的企业很难有所发展。

4. 税收政策

政府的税收政策影响企业的财务结构和投资决策，资本持有者总是愿意将资金投向那些具有较高需求且税率较低的行业部门。

5. 政府的双重身份

任何事物的存在都具有两面性，政府自然也不例外。有些政府行为对企业起到了限制约束的作用，甚至使企业的生存都面临着危机；而有些政府行为则对企业发展起到了带动作用和积极影响。政府作为一个特殊的社会组织，它的身份也是双重性的：资源供给者和消费者。比如政府对森林、矿山、土地等自然资源的开采分配政策，以及对农产品实行的国家储备农业政策都体现了其作为资源供给者的立场，而与之密切相关的产业，如房地产业、林牧业、采矿业及粮食产业等在制定自己的发展战略时必然要认真考虑政府的影响。另外，政府以消费者的身份出现时，对某些产业来说，它将作为一个巨大的市场。例如，政府在修建铁路、建设医院及发展航空航天事业上的投资必定会推动军工产业、钢铁产业、木材产业及航空航天等国防工业的发展，同时也间接地影响着其他工业的消费走向。此外，政府贷款和补贴对某些行业的发展也有着积极的影响。

三、法律环境因素分析

企业的法律环境是指与企业相关的社会法制系统及其运行状态。法律在社会发展中的重要作用决定了其在企业诸多环境因素中所占有的重要地位。企业作为经济社会中的"法人"，存在于由各式各样的法律、规定和条例构成的一整套完备的法规体系中，并受到法律的制约和保障。企业只有用好法律，才能保障自身的发展。

（一）法律对企业的制约和保障

法律是包罗万象的，法律涉及我们社会生活和经济生活的各个方面。与企业管理有关的法律包括企业基本法律制度、企业经营法律制度、经济监督法律制度、社会保障法律制度、涉外经济法律制度和经济司法制度等。

法律对企业的影响方式由法律的强制性特征所决定，法律对企业的影响可以从制约和保障两方面考虑。一方面，法律保护依法成立的公司的合法地位、经营权利、正当竞争行为、合法权益等。法律使企业经济活动纳入正轨，通过法律来实现国家对企业经济活动的承认和保护。另一方面，执法机关有权依据法律对经济行为主体的违法行为追究经济责任、行政责任、刑事责任。法律不仅从积极方面对企业的生存和经营进行保护，而且还从消极方面防止违法活动。

（二）如何用好法律保护企业发展

首先，作为企业的法人代表，当代企业家应该具有法律意识。法律意识是法律观、法律感和法律思想的总称，是指企业对法律制度的认识和评价。企业家应该具有法律观念，掌握必备的法律知识，并且依法治理企业。

其次，遵纪守法树立良好企业形象。企业形象特指社会公众或消费者按照一定的标准和要求，对某个企业经过主观努力所表现出来的形象特征所形成的整体看法和最终印象，并转化基本信念和综合评价。现代市场经济的发展，使得形象已成为企业在市场角逐中取胜的神秘砝码和无形力量。遵纪守法使企业具有良好的信誉和形象，以增强企业的竞争力，促进企业的良性发展。

最后，企业要积极促进法制体系的建设和完善。企业应合法经营、合法盈利、维护现存的法律制度，并且发挥能动作用，合理改善企业的法律环境。企业的发展是永远提前于法律环境的发展的，企业是法律环境需要发生变化的制造者。我国企业要从自身的发展出发，努力营造一个健全的法律环境。

四、经济环境因素分析

所谓经济环境，就是指企业经营过程中所面临的各种经济条件、经济特征和经济联系等客观因素。

（一）GDP 与 GNP

在众多的经济因素中，首先要分析的是宏观经济的总体状况。一般说来，在宏观经济大发展的情况下，市场扩大，需求增加，企业发展机会就多；反之，在宏观经济低速发展或停滞或倒退的情况下，市场需求增长很小甚至不增加，这样企业发展机会也就少。反映宏观经济总体状况的关键指标是 GDP（国内生产总值）和 GNP（国民生产总值）增长率。

GDP 是一个领土面积内的经济情况的度量。它被定义为所有在一个国家内一段特定时间（一般为 1 年）里所有生产产品和货物的总值。它与 GNP 的不同之处在于，GDP 不将国与国之间的收入转移计算在内。也就是说，GDP 计算的是一个地区内生产的产品价值，而 GNP 则计算一个地区实际获得的收入。

GNP 是按市场价格计算的国民生产总值的简称。它是一个国家所有常住单位在一定时期内收入初次分配的最终成果。一国常住单位从事生产活动所创造的增加值在初次分配过程中主要分配给该国的常住单位，但也有一部分以劳动者报酬和财产收入等形式分配给该国的非常住单位。同时，国外生产所创造的增加值也有一部分以劳动者报酬和财产收入等形式分配给该国的常住单位，从而产生了国民生产总值的概念。国民生产总值等于国内生产总值加上来自国外的劳动者报酬和财产收入减去付给国外的劳动者报酬和财产收入。国内生产总值是一个生产概念，而国民生产总值则是一个收入概念。

（二）企业要考察国家经济正处于何种阶段

国家经济所处的发展阶段是萧条、停滞、复苏还是增长，以及宏观经济的变化周期规律等因素都是衡量经济环境优劣的重要因素。在众多衡量宏观经济的指标中，国民生产总值是最常用的指标之一，它是衡量一国或一地区经济实力的重要指标，它的总量及增长率与工业品市场购买力及其增长率有较高的正相关关系。同时，宏观经济指标也是一国或地区市场潜力的热点，因为地区经济持续、稳定高速增长预示着巨大的潜在市场。经济发展具有周期性波动特征，这种周期性波动不仅影响整个国家经济发展和生产消费趋势，而且在很大程度上决定了企业的投资行为。因此，经济的周期性波动一直是经济理论界和企业界关注的焦点。

（三）人均收入

人均收入是与消费者的购买力呈正相关的指标，随着收入水平的不断提高，现在市场上的消费需求日益多样化和个性化，这为许多行业带来了更多的发展机会，也为新产业空间的拓展创造了机会。例如，房地产业、旅游业、文化娱乐产业都得到了发展。

（四）价格

价格是经济环境中的一个敏感因素。长期以来，我国的价格体制存在着严重缺陷，价格没有成为反映和调节供求状况的信号与杠杆，所以价格改革的出发点就是要调整被扭曲的价格，包括商品之间的比价与差价关系。然而价格改革是一项系统而复杂的工程，因为适度的通货膨胀可以刺激经济增长，但过高的通货膨胀率对经济造成的损害往往难以预料。消费品价格上涨过快，使人们基本生活需要支出大幅增加，误导的价格信号会使消费者行为提前，而某些购买行为又被推迟，个人可自由支配收入的降低会长时间抑制耐用消费品的需求，特别是高通货膨胀率所造成的社会心理损害将对整个市场供求关系产生深层次的影响。这就是20世纪80年代中期以来，中国宏观经济与微观经济所面临的严峻现实。如果企业对此不能做出准确估计，今后通货膨胀的程度大大超过企业可能承受的范围，企业既有的战略则可能成为一页废纸。

（五）经济基础设施

经济基础设施的考虑也是重要的一环，它在一定程度上决定着企业运营的成本与效率。基础设施条件主要指一国或一地区的运输条件、能源供应、通信设施及各种商业基础设施（如各种金融机构、广告代理、分销渠道、营销中介组织等）的可靠性及其效率，这在策划跨国、跨地区的经营战略时尤为重要。

五、社会文化环境因素分析

（一）价值观

价值观是指社会公众评价各种行为的观念标准。公众的价值观念是随着时代的变迁而变化的，它具体表现在人们对于婚姻、生活方式、工作、道德、性别角色、公正、教育、退休等方面的态度和意见。这些价值观念同人们的工作态度一起对企业的工作安排、作业组织、管理行为及报酬制度等产生很大的影响。

（二）文化传统

文化传统是一个国家或地区长期形成的道德、习惯、思维方式的总和。文化传统因素强烈地影响着人们的购买决策和企业的经营行为。不同国家有着不同的文化传统，也有不同的亚文化群、社会风俗和道德观念，从而会影响人们的消费方式和购买偏好。企业要通过文化传统意识分析市场，应了解行为准则、社会风俗、道德态度等，并且在经营管理中对有不同文化传统意识的人采取不同的方法进行管理。

（三）教育水平

我国自把科教兴国作为一项基本国策以来，教育事业得到了切实的发展。从大力普及九年义务教育到当今的高等院校的大规模扩招，从全日制的中专、技校到各种门类的函授、夜校、远程教育，多种多样的教育形式可以满足不同层次受教育者的需要。这样一来，教育层次的提升也对消费者的购买行为产生了影响：他们的鉴赏能力、生活品位都将随之发生改变，迫切需要一些张扬个性、突出内涵而又质量上乘的商品来满足他们的需求。同时，整个社会人员素质的提高也将保证企业的人力资源需求，提升企业的竞争能力。

（四）人口因素

人口因素主要包括人口总数、年龄构成、人口分布、人口密度、教育程度、家庭状况、居住条件、死亡率、结婚率、离婚率、民族结构及年龄发展趋势、家庭结构变化等。

人口因素对企业战略的制定有重大影响。例如，人口总数直接影响着社会生产总规模；人口的地理分布影响着企业的厂址选择；人口的性别比例和年龄结构在一定程度上决定了社会需求结构，进而影响社会供给结构和企业生产结构；人口的教育文化水平直接影响着企业的人力资源状况；家庭户数及其结构的变化与耐用消费品的需求和变化趋势密切相关，因而也就影响到耐用消费品的生产规模等。现在世界上人口变动的主要趋势是：世界人口迅速增长，这意味着消费继续增长，世界市场扩大；许多国家人口趋于老龄化，因此企业应认真研究分析老人市场问题；许多国家的家庭状况正在发生变化，家庭规模趋于小型化；现在由于人们的闲暇时间逐渐增多，所以企业也应该注意由此可能带来的市场机会。

（五）社会心理

社会心理对人们的行为起支配作用。如一个民族精神比较强的民族，人们会自觉地维护民族利益。其行为特征是个人利益服从民族利益，局部利益服从整体利益。在企业经营中表现为以企业利益为重，容易形成具有巨大凝聚力的企业精神。社会心理还可以体现为人的价值观取向、对物质利益的态度、对新生事物的态度、对企业经营风险的态度、对社会地位的态度，这些都会给企业经营带来影响。

六、自然环境因素分析

自然环境是指一个企业所在地区或市场的地理、气候、资源分布、生态等环境因素。它具有潜在的和实际的两种变化，企业战略就是要积极应对和处理这些变化。生态、社会和经济系统中的变化是相互影响的，强化自然环境保护是全球的大趋势，企业需要关注这一变化。与经济增长相伴的是自然环境的日益恶化，恶性的自然环境破坏事件增多。因此，在识别自然环境因素的变化趋势时，企业应该注意一些自然环境特征。其中，全球变暖值得特别注意，很多国家和公司都在努力预测其对社会和商业运营的影响。先动的企业正在寻求在这一趋势变化中培育竞争优势，实施"绿色战略"，主张通过增强环境的可持续性来获得利益。

七、商业生态系统分析

（一）商业生态系统的提出

与 20 世纪 60—70 年代的业务垂直集成相比较，今天，越来越多的企业把一些制造、技术开发和服务的职能外包出去，其结果是企业间的相互联系越来越紧密。随着这种联系越来越普遍，关于企业竞争力的观点也由原来的强调内在能力转移到管理和影响企业直接控制和拥有的资源等方面上来。

所谓商业生态系统，就是由组织和个人以相互作用为基础所组成的经济联合体，其成员包括企业、消费者、代理商、市场中介、竞争者、供应商、政府及具有政府职能的单位、风险承担者以及其他利益共同体单位等。这些单位通过利益共享、自组织甚至有些偶然的方式聚集在一起构成了价值链，不同的链之间相互交织形成了价值网，物质、能量和信息等通过价值网在联合体成员间流动和循环。例如，阿里巴巴根据阿里旅行这一特定业务打造商业生态系统。在阿里云平台上，以阿里在线及移动电商架构为基础，天猫、淘宝、蚂蚁金服、支付宝、聚划算等许多商业主体集聚在买家和卖家周边，以利益共享的方式形成了相互支持和促进的商业生态系统。不过，与自然生态系统的食物链不同的是，价值链上各环节之间不是吃与被吃的关系，而是价值或利益交换的关系。也就是说，它们更像是共生关系，多个共生关系形成了商业生态系统的价值网。

（二）商业生态系统的重要特征

1. 生态特征

商业生态系统是社会系统的组成部分，它继承了社会系统所具有的生命特征，如开放性、复杂性、有序性、自组织及新陈代谢等。同时，商业生态系统在生存发展过程中呈现出开拓、扩展、权威、重振或死亡的生命周期，遵循着优胜劣汰、适者生存的规律。此外，商业生态系统成员又具备一些基本特征。

（1）商业生态系统强调系统成员的多样性。多样性对于商业生态系统是非常重要的。首先，多样性对于企业应对不确定性环境起着缓冲的作用；其次，多样性有利于商业生态系统价值的创造；最后，多样性是商业生态系统实现自组织的先决条件。

（2）成员互利共存，资源共享，构成一个有序结构与功能的系统。

（3）商业生态系统的生存发展与经济环境相联系。

（4）各个成员在商业生态系统中的重要性是不相等的，有优势企业和劣势企业，有核心企业和附属企业。在商业生态系统中，核心企业和优势企业对于系统抵抗外界的干扰起着非常重要的作用，因为它所支持的多样性在遇到外界干扰时起到了缓冲器的作用，从而可以保护系统的结构、生产力和多样性。

（5）商业生态系统尤其是虚拟商业生态系统具有模糊的边界，呈现网络状结构。主要体现在两方面：首先是每一个商业生态系统内部包含着众多的小商业生态系统，同时它本身又是更大的一个商业生态系统的一部分；其次是某一企业可同时在多个商业生态系统中生存，犹如青蛙既属于湖泊生态系统，又属于草地生态系统一样。

（6）商业生态系统具有自组织的特征，并通过自组织不断进化。商业环境不断地在改变，对于商业生态系统来说，只要条件满足，自组织就不会停息，即随环境不断进化。

2. 竞争与互利并存

商业生态系统是复杂的人—自然—社会经济系统，它与自然生态系统相似，存在竞争和互利共生两方面，竞争和互利关系很复杂。当商业生态系统企业或企业集团的经营方向、经营产品及组织结构形式存在相似性，则企业间存在相似特性。促进企业间趋向合作的重要因素有三点：①企业经营活动的中心逐步从以企业为中心向以顾客为中心转换，使企业经营的外部过程变得日趋重要；②日益加剧的全球竞争以及全球物流网络的出现，迫使许多企业开始更大规模的合作，以更有效地参与市场竞争；③顾客对速度更快、价格更低及质量更好的服务的需求日益增长，迫切需要商品和信息在整个供给链上更快地加以传递。

3. 完善协作

如同在一个社会性生物群体中，各成员分工协作，为着共同的目标，有机地联合形成一个整体，才能在大自然中生存发展。一个商业生态系统中各成员的贡献相互补充，在配套产品、功能完善、销售渠道及售后服务等方面构成商品的完整服务。

4. 共同进化

像生物生态系统一样，商业生态系统中的成员是共同进化的。每个成员在自我改善与改造的同时，都必须对系统中其他成员加以注意并积极配合。同时其他成员也应该进行自我投资并努力实现改造的目标。一些好的高技术公司现在都利用投资和建立伙伴关系来促进供应商、顾客和配套厂家之间的共同进化。这使各公司得以加快新商业生态系统和市场区域的建立与扩大，还能使各公司确保本生态系统的其他成员用他们的核心贡献进行的投资来支持已取得的利益。

5. 群体竞争

提供或多或少可替代产品和服务的不同生态系统之间竞争是很激烈的，这不仅仅是两个企业的竞争，而是支持不同技术的联盟之间的竞争，往往会形成行业标准之争。

（三）商业生态系统的组成层次

1. 核心商业层

该层主要由公司自身及其顾客、市场媒介（包括代理商、提供商业渠道及销售互补产品和服务的人）、供应商组成，他们可被看作商业生态系统的初级物种，其中公司自身提供核心产品与服务，具有一种或数种能够为最终消费者带来巨大价值或消费者剩余价值的核心能力。例如，在电子信息行业中，生产微处理器的能力能够为计算机的广泛使用产生巨大的推动力。而互联网的出现，无疑促进了电信业在世界范围内的发展。对于制造业而言，这种革命性的力量可能更多地体现在组织生产或吸引人才的新方式之中。公司自身在核心商业层中居领导地位，它和其直接供应商、销售渠道及补充供应商联系密切，关系紧凑。

2. 扩展企业层

该层主要由供应商的供应商、直接顾客和顾客的顾客组成，可看作初级物种的所有者和控制者。顾客最终获得的全面的消费体验不仅取决于核心产品或服务，而且还有赖于各种能增加客户体验的补充性产品和服务。以互联网为例，它集中反映了与计算机网络有关的各项能力。正是因为有了诸如网景公司之类的公司提供核心软件产品和服务，才使得消费者得以通过网络享受到数以万计的内容提供商提供的服务。

3. 商业生态系统层

商业生态系统层范围最广，是在核心商业层、扩展企业层的基础上，增加风险承担者（如投资者、物主、贸易协会、制定标准的机构及工会等）、政府部门，以及分享产品、服务、过程和组织安排的竞争机构组成，即在特定情况下相关的物种（包括政府机构和管理机构，以及代表消费者和供应商的协会与标准）。这些群体在一定程度上是有意识建立的，但主要是自行组织的，甚至是偶然形成的，其结果是企业通过营销的加强、标准的确定、争执的解决等各种手段强化核心领导地位，其他成员为力求共同的发展而做出自己的贡献，彼此能够相互完善、相互补充，从而提高企业群体的整体竞争能力。

（四）商业生态系统的构建

1. 形成关键物种。如果把商业生态系统比喻为原子的话，那么核心企业就是原子核。核心企业在生态系统中扮演着无可替代的领导者角色，对企业之间形成长期战略关系有着重要影响。

2. 扩展价值链网。商业生态系统必须不断改造和更新，必要时通过市场选择最优环节进行整合或干脆重新设计价值链，达到把核心价值链扩展为功能更强的价值网络的目的，以此提升新产品开发能力，引导消费热点的转移或升级，创造新的顾客价值，保持生态系统持续发展的能力。通过价值链管理，系统积聚起足够的吸引力留住成员，形成一种长期稳定的合作关系，有效避免了联盟企业失去建立稳定合作关系的信心而与核心企业分道扬镳的恶果。大多数企业在竞争十分激烈的情况下仍不愿意离开产品迅速更新的 IT 行业生态系统便是佐证。

3. 促进共同进化。企业和商业生态系统中其他成员之间的关系，从本质上来讲，是一种共同进化的关系。因此，系统的中心企业要在技术指导和人员培训上投资，这不仅可以促进本系统中各成员的共同进化，在市场竞争中求得生存和发展；而且还能使他们感受到支持和被领导，从而树立对中心企业的信心，不愿意再冒风险转移到新的商业生态系统中。这种"一荣俱荣，一损俱损"的集群生存，使成员以独特贡献建立一条经济利益相连、业务关系紧密的系统价值链将彼此紧密联系在一起，实现优势互补、资源利用和信息共享，在保持个体优势的同时增强了组织适应环境的能力以及可利用资源的范围和系统竞争力。

4. 变革组织管理模式。传统的公司组织结构是多部门的模式，这种结构显然无法满足商业生态系统中企业的结构要求。为了适应商业生态系统的要求，新的管理模式需要解决以下三个问题：①不要让商业生态系统中的企业把更多的精力和资金花费在获得控制权上；②要协调自己在生态系统中和其他成员的关系，增强解决挑战的能力，学会化解潜在的竞争威胁；③集中商业生态系统的整体力量快速解决顾客服务、生产开发、营销、金融及协调与政府关系等各种问题，要让所有的重要成员都能从战略的成功实施中得到利益。

5. 发展系统核心技术。商业生态系统的中心企业要对自己的核心技术不断创新，以吸引更多的其他企业加入自己的生态系统中，实现优势互补，以增强自身商业生态系统的竞争能力，获得对市场的支配地位，建立行业标准。

第二节　企业内部环境分析

一、内部分析的性质、目的和重要性

（一）内部分析的性质

所有企业都只能在某些职能领域方面具有优势与劣势，没有一家企业在所有的领域都有同样的优势或劣势。

1. 关键内部要素

一部有关经营战略的教材不可能深入地讨论诸如营销、财务会计、管理、管理信息系统、生产作业等所有内容。上述各个领域还有其各自的小领域，如营销课程还可以细分为用户服务、产品质量保证、广告、包装及定价等。

不同类型的组织，如医院、大学和政府机构，自然有不同的职能领域。例如，医院的职能领域分为心内科、血液科、护理、后勤、收费等。大学的职能领域包括体育健身、就业服务、住宿、融资、学术研究，以及其他各项校内事务部门。在大型组织内，每个部门都有自己的优势和劣势。

公司不容易被竞争者所超过或效仿的优势称为企业的专有能力。建立竞争优势包括利用专有能力。

通过外部分析与内部分析的对比，一些研究者强调了后者在战略管理过程中的重要性。在一个用户偏好极易变化的世界中，用户的特征是在不断变化的，为满足用户需求所需要的技术也在不断的发展之中。以外部因素为中心并不能为制定长期战略奠定牢固的基础。当外部环境处于多变状态时，公司本身的资源和能力可能会成为决定企业特征的更为稳定的基础。因此，用有能力做什么来定义企业，比用要满足什么需求来定义企业，可为战略的制定提供更为持久的分析基础。

2. 内部分析过程

进行内部分析的过程与进行外部分析的过程非常类似。确定公司的优势和劣势需要有来自整个企业的管理者和雇员代表的参与。内部分析需要收集和吸收有关企业的管理、营销、财务会计、生产作业、研究与开发及管理信息系统运行方面的信息。

与外部分析相比，实施内部分析的过程就是要为参与者提供更多的机会，以理解他们的工作和他们的部门在整个企业组织中的地位与作用。这可以给企业带来很大的益处，因为在了解了自己的工作会如何影响企业的其他领域或活动之后，管理者和员工会更好地工作。例如，当营销和生产管理者共同讨论有关内部优势与劣势时，他们能更好地理解各功能部门的问题、困难、关切与需求。在不实行战略管理的企业中，营销、财务和生产管理者之间往往不能发生积极的相互作用。进行内部分析的过程可作为促进组织内沟通的一个极好的途径或论坛，而沟通恐怕是管理中的一个最重要的词汇。

战略管理是一个企业组织内各方面高度相互作用的过程，它要求对管理、营销、财务会计、生产作业、研究与开发及管理信息系统等职能领域进行有效的协调。尽管战略管理过程由战略制定者总体负责，但成功的战略管理要求来自所有职能部门的管理者和员工共同工作并提供想法与信息。例如，财务主管可能会限制供生产主管选择的经营方案数量，研究与开发主管主持开发出的高档产品，要求营销主管制定更高的销售目标。企业成功的关键之一便在于各职能业务领域管理者之间的有效协调与相互理解。通过参与内部分析，各分部门或公司的管理者可以了解本公司其他业务领域决策的性质与影响。了解各职能领域间的关系对于建立有效经营目标与战略十分重要。

不能认识和理解企业各职能部门间的关系对于战略管理是非常不利的，而且随着企业规模、经营产品和服务种类及经营地域的扩大，需要掌握和管理的这类关系的数量也在急剧增加。政府及非营利组织过去对各业务部门间的关系并未给予足够的重视。例如，一些地方政府、公共事业单位、大学及医院只是在最近才开始建立与其财务能力和极限相一致的营销目标与政策。一些公司则过于强调某一职能部门而牺牲其他部门。

财务比率分析可以说明企业各职能部门间的复杂关系。如投资收益率或盈利率下降的原因可以是无效的营销、糟糕的管理政策、研究与开发的失误或薄弱的管理信息系统。能否正确理解各主要职能部门间的相互影响决定了战略制定、实施和评价活动是否有效。战略的成功实施，需要企业各职能部门的协同努力。对于制订计划：为了进行理论上的讨论和分析，我们可能会从观念上将计划单独分离出来。但在实际中，计划并不是一个单独的实体，也不可能被分离出来。计划职能是与所有其他企业职能混合在一起的，这就好比墨水一旦溶于水，就再也不可能被分离出来一样。计划将辐射整个企业，并成为整个企业管理的一个组成部分。

（二）内部分析的目的

企业内部环境分析的目的有以下三个。

1. 弄清企业现状，包括资源、能力、已有业绩和存在问题等，这些因素都是企业可自行控制的。

2. 了解企业现已确定的将在战略规划期内实施的改革、改组、改造和加强管理的措施，并预测其成效（因这些措施在制订战略规划时都必须考虑）。

3. 明确自身同竞争对手相比的优势和劣势。外部环境的分析主要回答"企业可以做些什么"，而企业内部环境分析则主要回答"企业能够做些什么"。

二、企业资源分析

（一）资源基础的观点

1. 企业竞争优势的来源

企业资源观认为企业在资源方面的差异是企业获利能力不同的重要原因，同时这也是拥有优势资源的企业能够获取经济租金的原因。自潘罗斯以来，资源基础理论的研究者们几乎都将企业独特的异质资源指向了企业的知识和能力。作为竞争优势源泉的资源应当具备以下五个条件：有价值、稀缺、不能完全被仿制、其他资源无法替代、以低于价值的价格为企业所取得。

2. 长期竞争优势的维持

企业竞争优势来源于企业的特殊资源，这种特殊资源能给企业带来经济租金。在经济利益的驱动下，没有获得经济租金的企业肯定会模仿优势企业，其结果则是企业趋同，租金消失。企业资源观认为至少有三大因素阻碍了企业之间的相互模仿。

（1）路径依赖性。企业可能因为远见或者偶然拥有某种资源而占据某种优势，但这种资源或优势的价值在事前或当时并不被大家所认识，也没有人去模仿。后来环境发生变化，形势日渐明朗，这种资源或优势的价值日渐显露出来，成为企业追逐的对象。然而，由于时过境迁，其他企业再也不可能获得这种资源或优势，或者再也不可能以那么低的成本获得这种资源或优势，拥有这种资源或优势的企业则可稳定地获得租金。

（2）因果关系模糊。企业面临的环境变化具有不确定性，企业的日常活动具有高度的复杂性，而企业的租金是企业所有活动的综合结果，即使是专业的研究人员也很难说出各项活动与企业租金的关系，劣势企业更不知该模仿什么、不该模仿什么。并且劣势企业对优势企业的观察是有成本的，劣势企业观察得越全面、越仔细，观察成本就越高，劣势企业即使能够通过模仿获得少量租金，也可能被观察成本所抵消。

（3）模仿成本。企业的模仿行为存在成本，模仿成本主要包括时间成本和资金成本。如果企业的模仿行为需要花费较长的时间才能达到预期的目标，在这段时间内完全可能因为环境的变化而使优势资源丧失价值，使企业的模仿行为毫无意义。在这样一种成本威慑下，很多企业选择放弃模仿。即使模仿时间较短，优势资源不会丧失价值，企业的模仿行为也会耗费大量的资金，且资金的消耗量具有不确定性，如果模仿行为带来的收益不足以补偿成本，企业也不会选择模仿行为。

3. 企业如何获取异质资源

企业资源观为企业的长远发展指明了方向，即培育、获取能给企业带来竞争优势的特殊资源。具体来说，企业可以从以下三方面着手发展企业独特的优势资源。

（1）组织学习。许多学者把企业的特殊资源指向了企业的知识和能力，而获取知识和能力的基本途径是学习。由于企业的知识和能力不是每个员工知识和能力的简单加总，而是员工知识和能力的有机结合，通过有组织的学习不仅可以提高个人的知识和能力，而且可以促进个人知识和能力向组织的知识和能力转化，使知识和能力聚焦，产生更大的合力。

（2）知识普及。知识只有被特定工作岗位上的人掌握才能发挥相应的作用，企业的知识最终只有通过员工的活动才能体现出来。企业在经营活动中需要不断地从外界吸收知识，需要不断地对员工创造的知识进行加工整理，需要将特定的知识传递给特定工作岗位的人，企业处置知识的效率和速度将影响企业的竞争优势。因此，企业对知识活动过程进行管理，有助于企业获得特殊的资源，增强竞争优势。

（3）建立外部网络。对于弱势企业来说，仅仅依靠自己的力量来发展它们需要的全部知识和能力是一件花费大、效果差的事情。通过建立战略联盟、知识联盟来学习优势企业的知识和技能则要便捷得多。来自不同公司的员工在一起工作、学习还可激发员工的创造力，促进知识的创造和能力的培养。

（二）企业资源的概念、特征与种类

1. 企业资源的概念

企业的资源是指由企业所拥有的、能够为顾客创造价值和给企业带来竞争优势的各种生产要素，是企业参与市场竞争的必备条件，包括有形资产、无形资产和人力资源。每个企业都有多种资源，这些资源各有不同的特点和作用，不同行业的企业资源构成也有很大的差异。这些资源能否产生竞争优势，取决于它们能否形成一种综合能力。

2. 企业资源的特征

企业的资源按其发挥的作用不同，可分为一般意义上的资源和战略资源。一般意义上的资源应用在各个企业中，泛指生产活动所必需的一切要素；战略资源是企业长期积累创造所得的、为企业所独有的，并可被企业用来为某些细分市场有效地生产出有独特价值的市场出售物的独特有形物和无形物的统一体。在竞争性的市场环境中，一般资源不可能为企业创造竞争优势，而只有战略资源才是企业竞争优势的重要来源。如果要获得这种创造竞争优势的能力及其潜力，那么企业资源就必须满足四个必要条件，它们其实就是战略资源的基本特征，分别是价值性、稀缺性、异质性和不可完全转移性。

（1）价值性

价值性资源是指能够使企业提高其经营绩效的战略资源，也就是说，只有能够被用于利用外部环境机会和避免环境威胁的资源才具有价值。

企业资源的评价必须基于企业所处的竞争环境。拥有某种有价值的资源并不意味着企业就可以坐享其成、坐收利润。有价值的资源必须能够应用于有效的产品市场战略才会创造利润。有价值的资源能够帮助企业建立有效的战略，有效的战略可以帮助企业建立有价值的资源。

（2）稀缺性

企业资源具有稀缺性，或者说供给严重不足。假如资源的供给非常充分，那么任何企业都会获得这种资源。或者说，假如价值性资源能够为大量现有的和潜在的竞争性企业所占有或获取，那么每个企业都可以利用这种资源效力，它们就不可能成为企业持续竞争优势的来源。在某种价值性资源为大量企业所占有的市场条件下，就不可能有哪个企业会由此获得竞争优势。只有当某个企业所实施的价值创造性战略不可能为其他企业所同时采用时，它才可能获得竞争优势，因为普通战略不可能创造竞争优势。

（3）异质性

企业资源的异质性表现为两种性质，即不可模仿性和不可等效替代性。等效替代既包括类似资源的"相似替代"，也包括不同资源的"异质替代"。资源是垄断性的，企业不可能轻易取得，要想取得竞争优势，只能运用"异质替代"。

（4）不可完全转移性

某个企业的资源如果能够被其他竞争对手所轻易获得，那么这个企业的竞争优势就不可能维持长久。事实上，很多企业资源很难在企业间转移，或者说有些企业资源无法与其原有企业相分离而发挥既定的经济效果，所以潜在竞争者无法获取支持现有企业获得竞争优势的资源。这就要求资源具有不可完全转移性或不可交易性，这种特性主要来源于：地理性固定、信息不对称和专用性。

3. 企业资源的种类

（1）有形资源

有形资源通常是指那些能够用价值指标或货币指标直接衡量的、具有实物形态或能够看得见的并可以清楚说明其数量的资源。它是比较容易确认和评估的一类资产，可以分为财务资源和物质资源。财务资源是指能够为企业所占有或拥有的货币形态的资本，主要是指企业的筹资和借款。物质资源就是以物质形态显示或表现的资源，一般可从企业的财务报表上查到，包括企业的厂房、土地、原材料、生产设备和自然资源等。

①财务资源

企业财务资源可以定义为可用于生产或投资的资金来源，它构成企业最基本的资源之一，包括各种内部融资渠道及外部融资渠道。

a. 未分配利润。未分配利润是企业利润中被保留下来用于新投资的部分，它们没有作为股利发放给股东。未分配利润是实施组织战略最常用的财务资源。它的优点为企业不需要征求任何团体或个人的意见，不存在筹资成本，企业也不必向银行等外界公布其战略计划以征求同意；它的缺陷为利润保留以股东股利流失为代价，要求企业有足够多的利润，不适合陷入财务困境的企业。

b. 股票发行。股票发行也被称为权益资本融资，常常涉及企业的权益或股权。这种融资方式的成功依赖于现有的和潜在的股东对企业前景的态度，会稀释企业的股权比例。其优点为可注入大量新资本（如一次性并购），与银行存款相比无须承诺还本付息，可以在新的投资产生利润后再发放股利，给股东以回报；其缺陷为改变企业的股权结构，股票发行产生大量的管理费用，如承销费用。

c. 贷款。在证券市场不够完善的中国，从银行和其他金融机构贷款是一种重要的融资方式，是企业的一项基本财务资源。贷款的种类多种多样，利率和期限各有不同。大额贷款通常需要企业的资产做担保。贷款的融资成本低于股权的融资成本。因为其安全性有保证，必须还本付息。风险评估在很大程度上决定了借款人对企业的看法，决定其能否为企业提供贷款。企业以往的业绩、新战略的前景、用于担保资产的价值和借贷双方的长期合作关系等各方面均对贷款融资产生影响。其优点为融资成本低，融资迅速且保持了现有的股权结构；缺点为融资方式苛刻，增加企业的运营压力，还本付息会成为企业的主要负担。

d. 租赁。专业企业租赁也是重要的融资方式之一。其优点为简单快速并可能享有税收优惠的融资方式。由于采取租赁，企业减少了营运所需的资本，从而提高了企业的资本收益。其缺点为这种融资方式有一定的局限性，租用方最后没有获得其租用设备的所有权。

e. 调整应收、应付款项。组织可以通过延迟对贷方债权人的支付、减少存货、加速借方的债权回收等几种途径调整其应收、应付款项，为企业增加财务资源。其优点为这种方式通过更有效地运用组织的现有资源进行融资，因此它与未分配利润方式有许多相同的优点；其缺点为如果组织已经在合理有效地运作，可能难以运用这种融资方式。组织也许需要大量的资本支出，才能获得此方式带来的成本收益。例如，一个新的计算机存货控制系统虽然可以使存货减少，但却需要追加新的投资。

f. 出售资产。出售企业一部分资产为其他方面提供更有力的资金支持是20世纪90年代国外一些企业的重要战略。这种融资方式在资源稀缺或业务过于分散时非常有价值。其优点为这种融资获取财务资源的方式简单明了，将资源集中于优势环节，也没有稀释企业的股权；缺点为这种方式对企业冲击较大且不可逆转，另外，出售时机的局限性可能导致资产的售价低于其实际价值。

②物质资源

物质资源是企业从事生产的基础，它包括企业所拥有的土地、厂房、机器设备、运输工具、办公设施，还有企业的原材料、产品、库存商品等，是企业的实物资源。

物质资源一般可以从企业的财务报表上得到反映。但从战略的角度来看，资产负债表所反映企业所拥有的物质资源价值是模糊的，有时甚至是一种错误的指示，这是因为过去所做的成本报价并不能真实地反映物质资源的市场价值。当考虑某项资源的战略价值时，不仅要看到会计科目上的数目，而且要注意评价其产生竞争优势的潜力。换句话说，物质资源的战略价值不仅与其账面价值有关，而且取决于企业的商誉、组织的能力、地理位置、设备的先进程度等因素。假如一个企业拥有巨额固定资产，有些设备还很先进，但位于偏僻的地区，交通不便，信息滞后，则很难快速适应市场需求的变化。

在评估有形资产的战略价值时，必须注意以下两个关键问题。

a. 存在哪些可以节约使用资金、存货和固定资产的机遇？这也许包括使用尽可能少的有形资源支持相同水平的业务，或者使用既有的资源支持一项规模更大的业务。对于国民银行以及爱立信电子公司来说，它们通过并购方式创造价值的能力，取决于管理部门是否能够严格剥离那些为了支持被并购企业的周转所必需的资产。

b. 更加有利可图地利用既有资产的可能性如何？公司也许可以通过更有效地利用有形资源的方式提高它们的收益。艾克公司通过运用得到强化的恢复技术，大大地提高了其普拉德霍湾石油储备的输出和获利能力，并且还改善了油库的管理技术。联邦快递曾经通过接管其他公司的分销管理部门的方式提高了它的巨型分销网络的生产率。如果一项资产被另一家公司给予更高的估价，那么出售它就可以使收益达到最大化。

事实上，企业可以通过多种方法增加有形资产的回报率，如采用先进的技术和工艺，以增加资源的利用率。通过与其他企业的联合，尤其是与供应商和顾客的联合，充分地利用资源。当然，企业也可以把有形资产卖给能利用这些资产获利的企业。实际上，由于不同的企业掌握的技术不同，人员构成和素质也有很大差异，因此它们对一定有形资产的利用能力也不同。换句话说，同样的有形资产在不同能力的企业中表现出不同的战略价值。

（2）无形资源

无形资源是指能够为企业创造收益，但不具有独立实物形态的资产。它不可能从市场上直接获得，不能用货币直接度量，也不能直接转化为货币。主要是指企业的知识产权、商誉、技术、文化、企业形象、品牌、专利权、商标权、专有知识和经验等。无形资产往往是企业在长期的经营实践中逐步积累起来的，虽然不能直接转化为货币，但却同样能给企业带来效益，因此同样具有价值。

（3）企业文化资源

所谓企业文化是基于共同价值观之上，企业全体职工共同遵循的目标、行为规范和思维方式的总称。当今，企业文化的价值越来越被企业界所重视。人们从海尔等许多大企业成功的范例中发现，这些企业之所以能在快速发展中立于不败之地，是由于它们成功地创造了具有自身特色的企业文化。

①企业文化现状分析。包括应对企业的物质文化层、制度文化层、精神文化层逐一分析。例如精神文化层须重点分析为绝大多数员工认同的经营宗旨、价值观、思维方式、行为道德准则、心理期望、信念、具有企业个性特点的群体意识等内容。

②企业文化建设过程分析。涉及企业领导人是如何塑造企业文化的，是否有科学的文化建设目标、计划、工作内容、预算保证等，企业是如何宣传贯彻现行企业文化的，现行文化是否为广大员工接受并付诸实践。

③企业文化特色分析。企业文化是企业独特的传统、习惯和价值观的积淀。企业文化的生命力和感召性在于其独具特色、震撼人心。

④企业文化与战略目标、战略和内外环境的一致性分析。分析过去几年，企业文化是否与制定的战略目标协调一致，所起的作用是正面还是负面的，对企业绩效的影响有多大。企业文化是否与社会文化环境和产业文化环境相适应。

⑤企业文化形成机制分析。分析研究现有企业文化的形成机制，弄清企业未来战略目标、战略方向、战略业务选择，以及政策方针与员工已接受的企业文化的相容或相悖程度，进而明确下一步文化建设的方向和思路。

（4）人力资源

企业的人力资源是指企业所雇用的劳动者，包括普通员工和各个层次的管理者，能够为企业提供的生产性服务的知识、技能、经验、判断能力、洞察能力和决策能力等的总和。从生物学角度来看，人有血有肉，有筋有骨，显然有形；但人作为生产力，却又是最活跃、最关键的因素，其素质和能力却是无形的。因此，人力资源是介于有形和无形之间，是一种特殊资源。此外，人力资源与人力资本有明显的区别。人力资源是管理学上的概念，强调人力作为一种经济资源的稀有性和有用性。人力资本是经济学上的概念，其分析侧重人的价值研究，强调以某种代价所获得的能力和技能的价值。

对一个组织而言，它最重要的资源就是人力资源。大量研究发现，那些能够有效利用其人力资源的组织总是比那些忽视人力资源的组织发展得更快，是人的进取心和掌握的技术创造了企业的繁荣，而不是实物资源和财务资源。在技术飞速发展和信息化加快的知识经济时代，人力资源在组织中的作用也越来越突出。为了保证知识所带来的核心能力的不断发展，微软一直努力试图雇用那些比现任员工更有才能的人来工作，这样使得微软公司能够不断地保护和发展它的知识产权。

实际上，确认和评价一个企业人力资本的价值是一项困难和复杂的工作，这是因为人们常常根据他们的工作业绩、经验和资历来评价个人的技巧和能力。然而，个人能力能否充分发挥作用还取决于他所在工作环境的状况。有时，很难直接评价个人对组织业绩的贡献。因此，企业常常通过间接的方式来评价个人的业绩，如考查个人的工作时间、热情、职业习惯和态度等。在环境迅速变化的条件下，如果一个企业想要适应这种变化，并利用新的机会求得发展，更重要的不是考查其雇员过去或现在具有怎样的能力和业绩，而是评估他们是否具有挑战未来的信心、知识和能力。近年来，许多企业如深圳华为公司等都已开始对其成员做更广泛、更细致的知识、技巧、态度和行为测评。与此同时，越来越多的企业认识到在评估其人力资源状况时，不仅要考查其成员个人的专长和知识，而且尤其要评价他们的人际沟通技巧和合作共事能力。换句话说，一个企业的能力不仅取决于其拥有的资源数量，而且更重要的是取决于它是否具有将各种资源整合的能力。大量的研究发现，一个具有创造性和内聚力文化的企业具有更大的竞争优势，在这样的企业里，管理人员和企业员工分享共同的理念与价值观。

企业更愿意将无形资源和人力资源作为竞争优势的基础。实际上，一种资源越不可见，在它之上建立起来的竞争优势就越具有持久性。资源在被整合或组合时，它的战略价值会增加。企业如果想让一系列资源一起产生效应，就会产生独特的有形资源、无形资源和人力资源的组合。

三、企业能力构成

企业能力是指企业协调资源并发挥其生产与竞争作用的能力。这些能力存在于企业的日常工作之中。单独一项资源并不能产生实际的能力，能力来自对各项资源进行有效的组合。所以说，能力是企业若干资源有机组合后的结果和表现。例如，一项好的技术必须与其配套的资金、设备和人员相结合，才能得以发挥作用，产生实际的生产力，也才有可能形成企业的竞争优势。因此，企业拥有资源后，还要培养对各种资源进行组合协调，以发挥其潜在价值的能力。

企业的能力往往是多种多样的，又是多层次的。它不仅表现在企业各种生产经营环节或各职能领域内，而且还存在于企业内部各层次上。有的能力在经营中起一般、必要的作用，有的能持续地支持企业赢得某种竞争优势。能够帮助企业持久地建立竞争优势的能力，我们称之为企业核心能力。企业资源和能力，特别是企业的核心能力是制定战略的基础，也是企业取得竞争优势和获得超额利润的源泉。因此，为了帮助企业制定有效的战略必须对企业能力状况进行分析和评价。

企业能力由研发能力、生产能力、营销能力、组织能力等组成。

四、企业核心能力

核心能力是企业持续竞争优势之源，竞争优势是企业战胜竞争对手、求得生存与发展的先决条件，而企业在其发展过程中如何成长，在成长中如何增强其竞争力，减少失败的可能性，已成为管理界越来越重视的一个重大战略问题。

（一）企业核心能力的特征

企业核心能力具有以下几个特征。

1. 提供给顾客特殊的价值。企业核心能力使其在创造价值和降低成本方面能够比竞争对手做得更好，为顾客提供根本性的好处或效用。因此，顾客是企业核心能力所创造价值的最终裁判者。核心能力应以实现顾客价值为目标，能够使企业为顾客创造价值，通过为顾客提供独特的价值和利益，可使自身获得超过同行平均利润水平的超值利润。要达到以上目标，企业所生产的产品要具有唯一性或与众不同，并且产品的价格相对较低，还要对顾客要求售后服务的反应能力强且快。

2. 整体性。企业核心能力具有不可分割性，应不易为企业中的个人所占有，否则，企业将为使用核心能力而支付这些个人较高的报酬，从而降低企业的总收益；另外，企业核心能力也不易为企业外部人所占有。如果企业核心能力通过某种途径（如买卖或是组建战略联盟实现企业间资源共享，降低研发成本，相互获得彼此的特定技术、资源和技能，而不注意对自己核心技术的保护）转移到其他企业，或其他企业通过复制轻易拥有相互的核心能力，这不但培养出潜在的竞争对手，而且，企业所拥有的核心能力所带给该企业的竞争优势就会迅速消失。为了避免以上问题的出现，企业各部门须不断学习、获得知识、共享知识与运用知识，并将知识进行整合，使得企业核心能力不易被竞争对手模仿与复制，从而提高企业竞争优势并达到可持续发展的目的。

3.延展性。从企业未来角度看，核心产品是联系核心能力与最终产品的纽带，核心能力是从核心能力到核心产品，再到最终产品的一个发展与延伸的过程。一种核心能力可以作为一种或几种技术成分，进而形成更高层次核心能力的重要组成部分。企业间竞争的本质是核心能力而不是企业的终端产品或核心产品，任何一种核心产品或终端产品只是企业之中一种或几种核心能力的实物体现。因此，核心能力应具有很强的"溢出效应"，它能为企业进入广阔的市场提供潜在的机会。企业核心能力具有核心能力—核心技术—核心产品—终端产品这样一个延展过程。通过企业核心能力形成企业核心技术或策划能力，这些核心技术与策划能力不只发挥有限的单一作用，还具有纵向扩展、横向扩展及衍生能力，能够在未来发展变化中衍生出成群的新产品或服务，成为构建新型产业的基础，即企业可发展出一个消费者目前尚不清楚但又在未来愿意接受的核心产品，并通过这一核心产品及其衍生品，从多个方面来挖掘市场潜力，不断创新，开发多种新产品，提供多种新服务，迅速打开并占领相当规模的市场。如出版企业可先通过专业化战略延伸到它所能发挥作用的其他领域，这不仅对其所出版的产品和服务有促进作用，而且还能帮助其拓展相关出版物的市场，如报纸、书籍、期刊、电子出版物、影视音像市场等。

4.独特性。企业核心能力所拥有的核心技术具有世界级的领先水平，它充满了潜在的经验和智慧，是技能、组织及文化等的整合，是企业自身通过不断学习、创造、提高而逐步建立起来且与众不同的独到之处，并且竞争对手无法靠简单模仿而获取，是企业在发展过程中长期培育和积淀而成的。独特性与持久性内化于企业整个组织体系，通过引进、借鉴、吸收并将其进行消化，逐步掌握企业产品领域的关键知识、技术和技能并进行创新，在市场竞争中反复磨炼，企业的核心能力才能得以真正的建立、强化与扩展。因此，企业应及早识别、培育自己独一无二、提供竞争优势的核心能力。

5. 动态性。企业核心能力虽内生于自身，但它与产业形态、企业资源及其他能力等变量高度相关，是企业在长期竞争发展中逐渐形成的。随着彼此相关的变化，促使核心能力内部元素做动态变化，从而导致核心能力动态演变，这就注定过去企业的核心能力在今天可能已退化为一般能力。企业为了具有长久的竞争优势，必须不断识别、获取、扩展和保持自己的核心能力，使得核心能力达到动态良性循环。

6. 长期性。企业核心能力是企业在较长经营管理实践中逐渐形成并培养发展的，是企业竞争优势的支撑和特殊历史进程的产物。它直接影响着企业未来收益和战略选择，它的培育过程是对企业技术、技能的积累、整合、应用、发展和维护，这一过程是不可能在短期内或瞬时就完成的。

7. 难以模仿性。企业在长期生产经营活动中所形成的核心能力，深深印上企业的特殊组成及经验，是其他企业所不能轻易模仿与复制建立的能力。

（二）企业核心能力分析的内容

核心能力体现为一系列技能、技术、知识的综合体，要准确、全面地分析和评价一个企业的核心能力是比较困难的。一般而言，可以从以下三方面入手对企业的核心能力进行分析。

1. 主营业务分析

主营业务分析即要分析企业是否有明确的主营业务，企业优势是否体现在主营业务上，该主营业务是否有稳定的市场前景，以及本企业在该领域中与竞争对手相比的竞争地位如何。一个企业若没有明确的主营业务，经营内容过于分散，则很难形成核心能力。或者企业虽有主营业务，但在该业务领域中的竞争地位很弱，也谈不上有核心能力。企业可以运用主营领域明确程度、主营领域市场占有率及其行业排名、主营领域收益占总收益的份额、主营市场前景预测等指标和方法对主营业务进行具体评价。

2. 核心产品分析

核心产品是核心能力与最终产品之间的有形联结，是决定最终产品价值的部件或组件。当今企业间的核心能力竞争主要体现为四个层次：第一层次：开发与获取构成核心能力的技能与技术之争；第二层次：整合核心能力之争；第三层次：

扩大核心产品份额之争；第四层次：扩大最终产品份额之争。目前第三层次的竞争主要表现为，许多企业以原创或垄断技术、设备供应商的身份向其他企业甚至竞争对手出售其核心产品，以抓住"虚拟市场份额"。

对核心产品应具体分析企业是否有明确的核心产品，核心产品的销售现状、竞争地位、市场前景、产品的差异性和延展性、扩大虚拟份额的可能性和具体思路等。核心产品可以延展至多个最终产品领域，最大限度地实现核心能力的范围经济。因而一个企业如果没有过硬的核心产品，则很难说该企业具有较强的核心能力。分析核心产品的具体指标和方法包括：核心产品的市场份额、知名度、美誉度、行业延展度、销售收入增长速度及未来市场前景预测等。

3. 核心能力分析

核心能力分析主要分析支持企业主营业务和核心产品的核心技术与专长是什么，企业管理人员是否对此达成共识；这些核心技术和专长的价值性、独特性、难以模仿性和不可替代性如何；这些核心技术和专长是否得到了充分发挥，为企业带来何种竞争优势，强度如何；保护、保持和发展这些核心技术和专长的现时做法、方案和未来计划是什么。

核心能力具有动态性，昔日的核心能力今天可能已退化为一般能力。企业为了具有长久的竞争优势，必须不断保护和发展自己的核心能力。因此，对企业核心能力的分析，还应涉及更深层次的内容，即企业发展核心能力的能力分析。这主要包括对企业培育和管理核心能力的能力进行分析。

目前企业培育核心能力的方法主要有三种：一是外部购买，即从其他企业或组织购入与核心能力有关，并有利于其发展的技能与资源，其实质是外部核心能力的内部化。具体方式有购买技术与专有知识、购并拥有这种核心技能的企业。二是组成战略联盟实现企业间资源共享、降低研发成本，相互获得彼此的特定技术、资源和技能，以实现核心能力的快速发展。但在结盟中企业还必须注意对集资和新技术加以保护，以防培养出潜在的竞争对手。三是通过企业自身力量培育和发展核心能力。依靠外部购买或成立战略联盟的方法来发展核心能力，或多或少都存在产生依赖性和核心技术外泄问题。因而三种方法中，利用自身力量培育和发展核心能力应是主要方法，而另外两种只是辅助方法。分析企业核心能力的培育，一要分析企业所选培育方法的合理性、收益性和风险性；二要分析企业培育和发展核心能力的长期目标性和计划性。培育和发展核心能力本身是一项长期系统工程，它涉及多个业务领域、多个职能部门、多种资源及能力的长期协同整合，必须用明确的战略目标和严密的战略规划来做保证。一些学者已经提出了制定企业核心能力战略的构想，认为应把如何保护、保持、培育和发展企业核心能力作为企业发展战略的主要内容。

对企业的核心能力进行管理，一般包括五项工作：①辨别现有核心能力；②制订获取核心能力的计划；③培育核心能力；④部署、扩散核心能力；⑤保护并保持核心能力的领先地位。分析企业核心能力的管理状况，也应围绕这五个方面来逐一进行，依据分析结果，判断企业核心能力管理方面的长处和劣势。

第三章　企业管理战略选择

第一节　企业整体战略

一、发展型战略

（一）密集型发展战略

1.密集型发展战略的含义

密集型发展战略也称加强型战略，是指企业在原有生产范围内充分利用产品和市场方面的潜力，以快于过去的增长速度求得成长与发展的战略。该战略有时也称集约型发展战略。在由市场（现有市场、新市场）和产品（现有产品、新产品）构成的安索夫矩阵中，密集型发展战略包括其中的三种形式。

采取密集型发展战略的企业将全部或绝大部分的资源集中在最能代表自己优势的某一项业务或产品上，力求取得在该业务或产品上的最优业绩。

一般而言，企业采用密集型发展战略往往是出于以下战略思考。

①企业应该取得比别的同类企业，尤其是比主要竞争对手更快的增长速度，以取得相对的竞争优势。

②企业的发展速度应该比整个市场需求的增长更快，在市场需求增长趋于停顿之前，企业应该占有比其他同类企业更大的市场份额。

③企业应该取得高于社会平均值的利润率。

④企业应该不受传统的经营领域的束缚，不应该陷入无休止的同类企业、同类产品之间的价格竞争中。

⑤企业的增长应该立足产品的更新、市场的开拓和技术的创新来实现，以求得超常发展。

⑥企业的增长不应该仅限于被动适应外部环境的变化，而是应该通过创新，

主动地引导外部环境的变化，诱导市场需求，达到引领时代潮流的境界。

2.密集型发展战略选择的类型和方法

可供企业选择的密集型发展战略一般有以下三种类型。

（1）市场渗透战略

市场渗透战略是企业通过更大的市场营销努力，提高现有产品或服务在现有市场上的份额，扩大产销量及生产经营规模，从而提高销售收入和盈利水平的战略。

①市场渗透战略的适用条件

这一战略被广泛地使用，下列五种情况尤其适合采用市场渗透战略。

a.当企业的产品或服务在当前的市场中还未达到饱和时，企业采取市场渗透战略就会具有潜力。

b.当现有消费者对产品的使用率还可显著提高时，企业可以通过营销手段进一步提高产品的市场占有率。

c.在整个行业的销售额增长时，企业竞争对手的市场份额却呈现下降局面。采用市场渗透战略，企业就可获得市场份额的增加。

d.企业在进行产品营销时，随着营销力度的增加，其销售呈上升趋势，二者的高度相关能够保证市场渗透战略的有效性。如果营销的收入并不能带来销售额的增加，则采取这一战略很难达到预期目标。

e.企业通过市场渗透战略取得市场份额的增加，使企业达到销售规模的增加。这种规模增加能够给企业带来显著的市场优势时，渗透战略才是有效的。否则，该种战略就是失败的。

②市场渗透的主要途径

通过市场渗透战略谋求企业的发展，必须系统地考虑市场、产品和营销组合策略。一般说来，企业要增加其现有产品在现有市场上的销售量，可以从影响销售量的因素入手。企业提高产品销售量有以下基本途径。

a.增加现有产品的使用人数

转变非使用者。企业可以通过有效的方式将非使用者转变为本企业产品的使用者。例如，通过宣传全民补钙，把奶制品消费者从儿童扩大到各个年龄段，使过去不爱喝牛奶的消费群体养成每天主动喝牛奶的习惯。

努力挖掘潜在顾客。企业通过各种营销手段把产品卖给对现有产品有潜在需求，但由于各种原因未实现购买的顾客。例如，许多饭店采用的电话订餐、送饭上门的服务就是挖掘潜在顾客的重要手段。

吸引竞争对手的顾客。企业可以通过提升质量、降低成本，以及采用广告战、价格战、增加促销力度等方法，使竞争对手的顾客购买本企业的产品。例如，"娃哈哈"生产的非常可乐就明显地在争夺可口可乐、百事可乐的消费者。

b.增加现有产品的使用量

增加使用次数。企业可以通过强有力的营销活动，使顾客更频繁地使用本企业的产品。例如，牙刷生产企业从健康角度宣传消费者应该经常更换新牙刷。

增加使用量。企业可以通过大量的宣传和说服工作使用户在每次使用时增加对本企业产品的使用量。例如，日化企业可以在其洗发产品说明中提示，使用产品的次数增加，头发会更飘逸、柔软，也更有利于保护头发等。

增加产品的新用途。企业可以发掘现有产品的各种新用途，一方面，产品附带的新用途会增加产品使用人数；另一方面，会使现有产品的使用量增加。例如，为制作降落伞而发明了尼龙，后来发现尼龙还可以做成服装和在轮胎生产中使用，大大增加了它的销售量。

（2）市场开发战略

市场开发战略是由现有产品和新市场组合而产生的战略，是发展现有产品的新顾客群或新的地域市场从而扩大产品销售量的战略。它比市场渗透战略具有更多的战略机遇，能够减少由原有市场饱和带来的风险。

①市场开发战略的适用条件

特别适合采取市场开发战略的情况主要有以下几种：在空间上存在着未开发或未饱和的市场区域，为企业提供市场发展的空间；企业可以获得新的、可靠的、经济的、高质量的销售渠道；企业必须拥有扩大经营所需的资金、人力和物质资源；企业存在过剩的生产能力；企业的主营业务属于正在迅速全球化的行业。

当然，除满足以上条件外，更重要的一点是企业在目前的经营领域内获得了极大成功，有实力进行新市场的开发。

②市场开发战略的主要途径

a.开发新的区域市场。例如，小屏幕彩色电视机在国内大中城市已经普及，企业可以考虑将小屏幕彩色电视机销往农村市场，以扩大销售量，同时还可以考虑转向其他发展中国家，开辟国外的小屏幕彩色电视机市场。

b.在现有销售区域内寻找新的细分市场。比如对于原以科研机构、企事业单位为主要客户的计算机企业来讲，随着计算机这一产品价格的不断下降，大量应用软件的开发和销售，计算机逐渐成为家庭和个人消费品。这样一个存在着大量的、潜在的计算机用户的产品市场，企业要考虑的就是如何把潜在用户转变为现实客户。

c.通过增加新的销售渠道开辟新市场。在实践中，任何一个企业的产品都是通过一定的销售渠道把产品送达一定的消费群体的。因此，对企业而言，增加销售渠道就意味着扩大了市场范围或开发了一个新市场，就能形成产品销售量的增加。如有的护肤品可以通过药店销售，而不仅仅局限于百货商店；有的企业建立自己的产品专卖店实现销售。以上这些方法都是通过改变销售渠道，去开拓新的市场。

（3）产品开发战略

产品开发战略是由现有市场与企业正准备投入生产的新产品组合而形成的战略，即对企业现有市场投放研制的新产品或利用新技术改造现有产品，以此扩大市场占有率和增加销售额的企业发展战略。从某种意义上来说，这一战略属于企业发展战略的核心，因为市场毕竟是难以控制的因素，而产品开发是企业拥有更多自主权的可控因素。

①产品开发战略的适用条件

a.拥有成功的或处于产品生命周期中成熟阶段的产品。此时可以吸引老用户试用改进了的新产品，因为老用户对企业现有产品或服务已具有满意的使用经验。

b.企业所参与竞争的产业属于快速发展的高新技术产业，对产品进行的各种改进和创新都是有价值的。

c.企业在产品开发时，提供的新产品能够保持较高的性能价格比，才能比竞争对手更好地满足顾客的需求。

d.企业在高速增长的产业中参与竞争，必须进行产品创新以保持竞争力。

e.企业拥有非常强的研究与开发能力，能不断进行产品的开发创新。

②实施产品开发战略的主要途径

a.开发新产品。这是指企业在现有市场上开发出别的企业从未生产和销售过的新产品，以创造新价值。这种新产品可以是一种与原有产品截然不同的新产品，也可以是一种与原有产品相关的新产品。例如，生产打字机的企业，利用新技术，发明、生产和销售激光或喷墨打印机，以满足顾客新的、不同的需求。

b.改进原有产品。这一途径又可以分为质量改进、特点改进和式样改进。

质量改进。质量改进的目的是注重增加产品的功能特性，如产品的耐用性、可靠性、速度、口味等。一个企业通过推出"新颖和改进的"电视机，并且对新产品用"更好""更强""更快"等语言进行广告宣传，通常能压倒一些竞争对手。这种战略的有效范围是：质量确能改进，买方相信质量被改进的说法，对质量要求较高的用户有足够的数量。

特点改进。特点改进的目的是注重增加产品的新特点，如尺寸、重量、材料、添加物和附件等，增强产品的功能性、安全性、便利性。例如，在洗衣机上添加加热装置，以提高衣服的洗净度。特点改进方式具有以下优点：新特点可为企业建立进步和领先的形象；新特点能被迅速采用或迅速丢弃，因此通常只要花非常少的费用就可选择；新特点能够赢得某些细分市场的忠诚；新特点能够给企业带来公众化宣传效果；新特点会给销售人员和分销商带来热情。其主要缺点是很容易被模仿。

式样改进。式样改进的目的是增加对产品的美学诉求。汽车制造商定期推出新车型，在很大程度上是式样改进。对包装式样不断更新，把包装作为产品的延伸，也是一种式样改进的方法。式样改进方式的优点是，每家企业可以获得一个独特的市场个性以聚集忠诚的追随者。但是，式样竞争也会存在一些问题：难以预料有多少人会喜欢这种新式样；式样改变通常意味着不再生产老式样，企业将承担失去某些喜爱老式样顾客的风险。

3. 选择密集型发展战略应注意的问题

密集型发展战略虽然能使企业稳定成长，但随着产业生命周期的推移，这一发展总是会有尽头的。而且，密集型发展战略使企业的竞争范围变窄，当产业趋势发生变化时，单纯采用这一战略的企业容易受到较大的打击。另外，由于用户、市场、技术不断变化，经营内容单一化会使企业承受极大的环境压力。这些都是企业在实行密集型发展战略时必须引起重视的问题。

（二）一体化战略

1. 纵向一体化战略

纵向一体化战略又叫垂直一体化战略，是指企业将生产与原料供应，或者生产与产品销售联合在一起的战略形式，包括后向一体化战略和前向一体化战略，也就是将经营领域向业务链的上游或下游加以拓展的战略。纵向一体化战略既可以通过企业内部积累实现，也可以通过与其他经营领域的企业实行联合或兼并实现。

（1）纵向一体化战略的类型

①后向一体化战略。后向一体化战略是指企业以初始生产经营的产品项目为基准，企业生产经营范围的扩展沿其生产经营链条向后延伸，发展企业原来生产经营业务的配套供应项目，即发展企业原有产品生产经营所需的原料、配件、能源及包装服务业务的生产经营。如汽车制造公司拥有自己的钢铁厂和橡胶厂，肉类加工企业拥有自己的畜牧场等。后向一体化的目的是确保企业生产经营的稳定与企业发展所必需的生产资源，并通过减少采购成本而降低生产成本，提升产品竞争力。

②前向一体化战略。前向一体化战略是指企业以初始生产经营的产品项目为基准，企业生产经营范围的扩展沿其生产经营链条向前延伸，使企业的业务活动更加接近最终用户，即发展原有产品的深加工业务，提高产品的附加值后再出售，或者直接涉足最终产品的分销和零售环节。例如，纺织企业自己进行印染和服装加工；煤炭企业建立火力发电厂向外出售电力。当今越来越多的制造厂商通过建立网站向用户直销而实现前向一体化。

（2）纵向一体化战略的优点

①后向一体化战略能使企业对其所需原材料的成本、质量及供应情况进行有效控制，以便降低成本，减少风险，使生产稳定地进行。

②前向一体化战略可使企业更有效地控制产品销售和分配渠道，同时更好地了解市场信息和发展趋势，从而增强产品的市场适应性。对于一些生产原材料或半成品的企业，它们的产品（如原油、煤炭、纺织纤维、钢铁等）差异性较小，很难摆脱单一价格竞争的不利局面。而实施前向一体化会使企业在整个价值链中离最终消费者更近，这样其产品形成差异化的机会就越多，产品的附加值就越高，有可能给企业带来更多的利益。

③企业采用纵向一体化战略，通过建立全国性甚至全球性的市场营销组织机构及建造大型的生产厂来获得规模经济效益，从而降低成本，增加利润。

（3）纵向一体化战略的风险

纵向一体化战略也存在着风险，主要表现在以下三个方面。

①企业实施纵向一体化而进入新的业务领域时，由于业务生疏，可能导致生产效率下降，而这种低效率又会影响企业原有业务的效率。

②纵向一体化的投资额比较大，而且一旦实行了纵向一体化，就会使企业规模变大，要想脱离这些行业就非常困难。此外，由于规模增大，要使企业获得明

显的效益，就需要大量投资新的经营业务，这样会造成财务压力。

③企业纵向规模的发展，要求企业掌握多方面的技术，从而带来管理上的复杂化。此外，由于后向、前向产品的相互关联和相互牵制，不利于新技术和新产品的开发，导致企业缺乏活力。

2. 横向一体化战略

（1）横向一体化战略的优点

①获得规模经济。横向一体化可通过收购同类企业达到规模扩张，尤其是在规模经济性明显的行业中，可以使企业获取充分的规模经济，从而大大降低成本、取得竞争优势。同时，通过收购还可以获取被收购企业的专利、品牌、销售网络等无形资产。

②减少竞争对手。通过实施横向一体化，可以减少竞争对手的数量，降低行业内企业相互竞争的程度，为企业的进一步发展创造一个良好的行业环境。

③扩张生产能力。横向一体化是企业生产能力扩张的一种形式，其优势基本来自两个企业现有能力的重新组合，相对较简单和迅速。因为横向一体化没有偏离企业原有的经营范围和核心技术，因而更容易掌控。

（2）横向一体化战略的风险

①管理问题。收购一家企业往往涉及母子公司管理上的协调问题。由于母子公司的历史背景、人员组成、业务风格、企业文化、管理体制等方面存在着较大的差异，因此，协调母子公司的各方面工作非常困难。

②政府法规限制。横向一体化战略消除了公司之间的竞争，可能会使合并后的企业在行业中处于垄断地位，这对消费者和行业的发展都是极为不利的。因此过度的横向一体化容易导致政府相关部门的反垄断调查。

（3）横向一体化战略的适用条件

①企业在不违背反垄断法的前提下准备获取垄断利益。

②企业想通过扩大规模获取竞争优势，被兼并是由于经营不善或缺乏资源，而不是因为整个行业销售量下降。

③企业在一个成长着的产业中进行竞争，因为只有成长中的产业才能维持规模化经营。

④企业拥有管理更大规模资金和人才的能力，这同样是横向一体化不可缺少的条件。

二、稳定型战略

稳定型战略是企业在充分分析内外部环境变化的基础上，计划在未来一段时期内基本不改变企业内部原有资源分配和经营风格的战略。

（一）采用稳定型战略的原因

企业采用稳定型战略可能有四种原因。一是企业满足于过去所创造的经营业绩，希望保持与过去大致相同的业绩水平。二是当企业外部宏观环境或行业环境恶化，而企业短时期内又找不到进一步发展的机会，企业将采取维持的战略。三是企业不愿冒改变现行战略而带来的风险。如果企业采用新的发展战略，企业经营者常会感到对新的产品或新的市场缺乏足够的认识和必要的准备。所以，采用稳定型战略会使其感到更加保险。四是由于企业内部刚上任的高层领导者不太熟悉企业发展水平和发展趋势，如果轻易调整或改变现行战略就可能给企业造成动荡。所以，企业往往倾向于稳定一段时期，维护既有的产销规模和竞争地位。

（二）稳定型战略类型

稳定型战略是一种内涵型的经营战略，在市场需求及行业结构基本稳定的环境下，在尽量不增加生产要素投入的条件下，企业针对在经营管理各方面存在的问题，调整企业内部结构，挖掘内部潜力，使企业的产品组合、组织结构及其他各项工作都合理化，通过提高技术水平、优化产品工艺来实现企业扩大再生产。

企业稳定型战略主要有以下三种类型。

1. 无变化战略。采用这种战略的企业除了每年按通货膨胀率调整其目标外，其他暂时保持不变。这种战略一般出于两种考虑：一是先前的战略并不存在重大经营问题；二是过去采用的战略确保了企业经营的重大成功。在这两种情况下，企业高层战略管理者认为没有必要调整现行战略，因为他们害怕战略调整后会给企业带来利益调整和资源配置的困难。

2. 暂停战略。企业在持续了一个快速发展的时期后，容易出现效率下降、组织功能弱化的趋势。战略管理者为了进一步优化内部资源配置，谋求今后更大的发展，可能会采用暂停战略。在暂停战略实施期间，企业可以获得储备内在能量的时间，为以后更大发展做好准备。例如，两个企业兼并后，为了更好地融合兼并企业与被兼并企业的经营业务，就可能采用暂停战略。

3. 谨慎战略。企业在短期内无法预测所面临的外部经营环境变化趋势，而一且错误地判断环境变化趋势，实施错误的战略，就会给企业带来重大损失。在此情况下，企业会有意识地放慢战略调整和战略实施的速度，耐心等待环境变化趋势明朗化。这种战略称为谨慎战略。

（三）稳定型战略优点

1. 企业经营风险相对较小。采用稳定型战略的企业基本维持原有的产品和市场范围，利用原有的经营领域、渠道，有效地避免了开发新产品和开拓新市场时的激烈竞争，避免了开发失败的巨大风险。

2. 可以提高对外界环境变化的应变能力及抗干扰能力。当外部环境恶化时，企业采用稳定型战略可以保存实力，休养生息，积蓄力量，等待时机，以便为今后的发展做好准备。

3. 避免了战略调整可能给企业内部造成的震荡。由于稳定型战略不必考虑原有资源存量和增量的重大变化，企业内部员工的职业安全感强，利益相对稳定，实施稳定型战略容易被人们所接受。

三、紧缩型战略

当企业处在一种十分险恶的经营环境中，或者由于决策失误等造成经营状况不佳，在采用发展型战略和稳定型战略都无法扭转局势时，企业不得不面对现实，减少经营领域，缩小经营范围，关闭不盈利的工厂，紧缩财务开支。这时就需要采用紧缩型战略。

（一）紧缩型战略的概念和特征

1. 紧缩型战略的概念

紧缩型战略又称撤退型战略，是指企业在客观地分析了内外部环境变化的基础上，从目前的战略经营领域撤退出来且偏离战略起点较大的一种经营战略。它是企业在一定时期内缩小生产规模或取消某些产品生产的一种战略。与稳定型战略相比，紧缩型战略是一种消极的发展战略。一般来讲，企业实施紧缩型战略只是短期的，其根本目的是使企业先度过困难时期而后转向其他的战略选择。有时，只有采取收缩和撤退的措施，才能抵御竞争对手的进攻，避开环境的威胁，迅速地实现自身资源的最优配置。可以说，紧缩型战略是一种以退为进的战略。

2. 紧缩型战略的特征

①对企业现有的产品和市场领域实行收缩、调整和撤退战略，如放弃某些市场和某些产品线系列。因而企业的规模和效益指标来看都有明显的下降。

②对企业资源的运用采取较为严格的控制，比如只投入最低限度的经营资源。紧缩型战略的实施过程往往会伴随着大量的裁员，还会暂停一些奢侈品和大额资产的购买等。

③紧缩型战略具有明显的短期性。与稳定型战略相比，紧缩型战略具有明显的过渡性，其根本目的并不在于长期节约开支、停止发展，而是为今后的发展积蓄力量。

（二）紧缩型战略的类型

紧缩型战略也是一个整体战略概念，它一般包括抽资转向战略、调整战略、放弃战略、清算战略。

1. 抽资转向战略

抽资转向战略是指企业在现有的经营领域不能维持原有产销规模和市场的情况下，采取缩小规模和减少市场占有率，或者企业在更好的发展机遇面前，对原有的业务领域进行压缩、控制成本，以改善现金流为其他业务领域提供资金的一种战略。

2. 调整战略

调整战略是指企业试图扭转财务状况欠佳的局面，提高运营效率，而对企业组织结构、管理体制、产品和市场、人员和资源等进行调整，使企业能度过危机，以便将来有机会再图发展的一种战略。企业财务状况下滑的主要原因可能是工资和原材料成本上升，暂时的需求下降或经济衰退，竞争压力增大，管理出现问题等。

实施调整战略可采用的措施有以下四种：①调整企业组织。这包括改变企业的关键领导人，在组织内部重新分配责任和权力等。调整企业组织的目的是使管理人员适应变化了的环境。②降低成本和投资。这包括压缩日常开支，实施更严格的预算管理，减少一些长期投资的项目等，也可以适当减少某些管理部门或降低管理费用。在必要的时候，企业也会以裁员作为压缩成本的方法。③减少资产。这包括出售与企业基本生产活动关系不大的土地、建筑物和设备；关闭一些工厂或生产线；出售某些在用的资产，再以租用的方式获得使用权；出售一些盈利的产品，以获得继续使用的资金。④加速回收企业资产。这包括加速应收账款的回收期，派出讨债人员收回应收账款，降低企业的存货量，尽量出售企业的库存产成品等。

3. 放弃战略

放弃战略是指转让、出卖或停止经营企业的一个或几个战略经营单位、一条生产线，或者一个事业部，将资源集中于其他有发展前途的经营领域，或保存企业实力、寻求更大的发展机遇。这是在企业采取抽资转向战略和调整战略均无效时采取的一种紧缩战略。

实施放弃战略对任何企业的管理者来说都是一个困难的决策。在放弃战略的实施过程中通常会遇到如下障碍：①结构上或经济上的障碍。它是指一个企业的技术特征及其固定资产和流动资本妨碍其退出。②企业内部依存关系上的障碍。如果准备放弃的业务与其他业务有较强的联系，则该项业务的放弃会使其他有关业务受到影响。③管理上的障碍。企业内部人员，特别是管理人员对放弃战略往往会持反对意见。一方面，这通常会威胁到他们的职业和业绩考核；另一方面，放弃对管理者是一种打击，而且放弃行为在外界看来是失败的象征。

这些阻力可以采用以下的办法来克服：在高层管理者中，形成"考虑放弃战略"的氛围；改进工资奖金制度，使之不与放弃战略相冲突；妥善处理管理者的出路问题等。

4. 清算战略

清算战略是指企业受到全面威胁、濒于破产时，为了减少股东的损失，通过将企业的资产转让、出卖而终止企业全部经营活动的一种战略，它分为自动清算和强制清算。显然，对任何一个企业的管理者来说，清算都是他们最不愿意做出的选择，通常只是在其他战略都失效时才考虑采用。

在确实毫无希望的情况下，企业应尽早制定清算战略，这样可以有计划地逐步降低企业股票的市场价值，尽可能多地收回企业资产，从而减少全体股东的损失。因此，在特定的情况下，及时进行清算比顽固地坚持经营无法挽回败局的事业要明智得多。

（三）紧缩型战略的适用条件及其优势

1. 紧缩型战略的适用条件

（1）外部环境发生变化。外部环境发生变化，如宏观经济紧缩，行业进入衰退期，造成市场需求缩小、资源紧缺，致使企业在现有的经营领域中处于不利地位，财务状况不佳，企业为了避开环境变化的威胁，度过经济困境，以求发展，通常会采用紧缩型战略。

（2）企业出现经营失误。由于企业经营失误，如战略决策失误、产品开发失败、内部管理不善等，企业竞争地位下降，财务状况恶化。这时只有采取紧缩型战略才有可能最大限度保存企业实力。

（3）利用有利机会。因为在经营中出现了更加有利的机会，企业要谋求更好的发展，需要集中并更有效地利用现有的资源和条件。为此，要对企业中那些不能带来满意利润、发展前景不够理想的经营领域采取收缩或放弃的办法。这是一种以长远发展目标为出发点的积极的紧缩型战略。

2. 紧缩型战略的优势

（1）能帮助企业在外部环境恶劣的情况下，降低开支，增加收益，改善财务状况，顺利地度过所面临的不利处境。

（2）能在企业经营不善的情况下最大限度地降低损失，更加有效地配置资源，提高经营效率，在不断适应市场变化的同时，取得新的发展机会。

（3）能帮助企业更好地实行资产的最优组合。如果不采用紧缩型战略，企业在面临一个新的机遇时，只能运用现有的剩余资源进行投资，这样做势必会影响企业在这一领域发展的前景。相反，通过采取适当的紧缩型战略，企业往往可以把资源转移一部分到这一发展点上，从而实现企业长远利益的最大化。

第二节　企业竞争战略

一、不同行业中企业的竞争战略

（一）新兴行业中的竞争战略

新兴行业是指由于技术创新、新的消费需求的推动，或其他经济、技术因素的变化，促使新产品、新服务或潜在经营机会产生而逐渐形成的行业。目前国内外正在形成的一些高新技术行业就属于新兴行业，如电子信息、生物医药、纳米技术、新型能源等行业。不过，新兴行业是由部分先驱性企业创造出来的，如苹果公司创造出计算机微机行业，施乐公司创造出复印机行业等。

从战略制定的角度看，新兴行业的基本特征是没有游戏规则，行业内的竞争问题必须依靠健全的规则加以解决，以便企业可以遵循并在这些原则下发展繁荣。缺乏竞争规则，对企业而言既是一种机会也存在风险。

1. 新兴行业的特点

（1）技术的不确定性

新兴行业通常存在着很高程度的技术不确定性。因为企业的生产技术还不成熟，有待继续创新和完善；企业的生产和经营也没有形成一整套的方法和规程。什么产品结构是最好的，何种生产技术是最有效的，这些问题都不能确定。

（2）战略不确定性

与技术不确定性相联系，新兴行业存在战略不确定性。因为行业内的企业对竞争对手、顾客特点和行业条件等只有较少的信息，不能准确地知道竞争者是谁，也不能经常得到可靠的行业销售量和市场份额的信息。所以在产品市场定位、市场营销和服务等方面，不同的企业经常采用不同的战略方法，没有被行业认可的战略。

（3）初始成本高但成本迅速下降

新兴行业存在着高的初始成本，这是因为生产企业的产量较低，没有可行的学习曲线来降低成本。然而随着生产过程和工厂设计的改进、工作熟练程度的提高、销售额的增长，企业规模与累积产量会大幅度增加，企业生产效率也会大幅度提高。相应地，生产成本会迅速下降。

（4）行业发展的风险性

在新兴行业中，许多顾客是新购买者。在这种情况下，市场营销的中心活动是诱导他们的初始购买行为，避免顾客在产品的技术和功能等方面与竞争对手的产品发生混淆。同时，还有许多潜在顾客对新兴行业的产品和服务持观望的态度，新一代技术能否迅速发展，能否取代现有产品和服务都是未知的。顾客也期待产品的成熟与技术和设计方面的标准化，进一步降低销售价格。因此，新兴行业的发展具有一定的风险性。

2. 新兴行业中的企业可能面临的问题

（1）原材料和零部件的供应能力较弱

新技术和新产品的出现，往往要求开辟新的原料供应来源，或要求现有的供应者扩大其规模并改进其供应品的质量，以符合企业的要求。但一般来讲，企业往往会在取得原材料及零配件等方面遇到困难，因而导致供应不足。

（2）缺乏生产基础条件及设施

首先，企业缺乏技术熟练的工人，技术协作、服务设施及销售渠道等方面较难配合好；其次，由于缺乏产品及技术标准，因此原材料和零配件都难以达到标准化；最后，新产品的质量不稳定，可能对企业形象造成不利影响。

（3）产品销售困难

用户对新产品或服务了解不多，在购买时往往持观望态度。有的用户要等到产品技术更成熟、产品基本定型、质量和性能更稳定、价格有所下降以后才考虑购买。在新产品开始生产时，由于产品成本较高，企业可能处于亏损状态。在新产品投入市场，与老产品竞争时，也必然面临重重考验。

（4）企业运作难度较大

企业所在的市场是全新的、尚未成型的，行业的运作方式、行业的成长速度，以及行业的未来容量和规模有很多的不确定性。企业必须竭尽全力获取有关竞争对手、购买者对产品的接受速度及用户对产品的体验等方面的信息。

3. 新兴行业中企业的战略选择

新兴行业具有不确定性，行业内缺乏竞争规则，行业结构也处于不稳定状态，为企业战略选择提供较大的自由空间。一般来说，率先进入新兴行业的企业具备左右行业走向的可能性，所以，新兴行业的战略选择极为重要。一般应考虑以下四方面。

（1）选择拟进入的新兴行业

在科技飞速发展的 21 世纪，可供企业选择的新兴产业非常多，企业在选择进入新兴行业之前要进行科学的分析。首先，要根据企业的内部条件及外部环境，初步确定企业有可能进入的几个新兴行业；其次，对备选的新兴行业的技术要求、产品开发、市场及竞争状态进行预测分析；再次，根据企业自身条件，评价每个方案的可行性和可接受程度；最后，确定本企业应当进入的新兴行业。

需要强调的是，分析新兴行业时不能只从新兴行业初始的技术、产品、市场及竞争结构是否有吸引力出发，而应当从充分发展后的行业结构是否能为企业发展提供较好机会和较高的收益出发。由于一个行业当前发展很迅速、盈利率高、规模正在逐渐扩大，企业决定进入这一行业是常见的行为。但是，进入行业的决策最终必须建立在对行业结构进行充分分析的基础上。

（2）目标市场的选择

新兴行业中的企业进行经营所面临的第二个问题就是市场细分和目标市场的选择。企业在市场开发方面应考虑以下因素。

①顾客的需求。顾客之所以要购买新产品，通常是因为新产品优于其原来使用的产品，能从中得到效益，这里的效益主要表现在两个方面：一是性能上的效益，即新产品性能优于原来使用的产品；二是费用上的效益，即使用新产品的费用支出低于原来使用的产品。新产品的最早购买者通常是那些性能上得益的顾客，因此首先应开发那些对新产品性能感兴趣的顾客，然后再扩大到那些在费用上得益的顾客。

②顾客的技术状态。顾客能否从早期的新产品得益，取决于顾客应用新产品的技术状态。某些顾客仅仅使用新产品的基本功能就可获益不小，而另一些顾客却需要复杂的结构和更完善的功能。因此企业要确定针对哪些顾客的技术状态去开发新产品。

③转变费用和辅助设施。企业开发新产品会增加一些开支，如重新培训雇员的成本，购买新的辅助设备的成本，变卖旧设备的损失等。企业在开发新产品时应当尽量考虑到上述因素，不同企业开发新产品时所面临的转变费用和需要添置的辅助设备是不尽相同的。

④对技术和产品过时造成损失的态度。对一些高科技企业来说，企业的技术进步非常迅速，因而它们所使用的技术和设备也随着科技进步而不断更新，这些企业认为只有不断更新技术和设备才能占领有利的竞争地位。而其他企业却可能认为产品的过时或技术的变革对自己是一种威胁和损失，因此高科技企业会借助新技术早早地投入生产、销售，其他企业会持观望态度，慎重考虑进入市场的时机。企业在进行技术创新时应当考虑上述因素，找准自己的目标市场。

⑤使用新产品导致失败的代价。企业把新产品应用到整个技术系统中去，而该技术系统因使用该产品不能取得预期效果，会引起很大损失。另外，不同企业购买决策人的价值观不同，对风险的承受力也各不相同。

（3）进入新兴行业时机的选择

企业进入新兴行业的一个重要策略问题是进入时机的选择，进入得早，企业承担的风险和相关成本较高，但是进入障碍会低一些，也会得到较大的收益。一般来讲，当消费者重视企业形象和信誉，同时企业能够因为是行业的开创者而形成较高的声誉时，企业可以较早地进入；当行业的经验曲线效应强、较早地进入能引导和诱发学习过程、经验不容易被对手模仿也不易因后续技术发展而被替代时，企业可以较早地进入；当能较早与供应商及分销商建立关系，获得明显的成本优势时，企业应该争取较早地进入。

但是，新兴行业的早期进入者也会面临巨大的风险。例如，初期的竞争和市场细分可能会与行业发展的情况不一致，企业在技术与产品结构等方面如果投资过大，在转变时就要付出高额的调整费用。技术变更也会使先进入的企业投资过时，而后进入者则可能拥有最新的技术和产品。

（4）正确处理与后进入者的关系

新兴行业的先进入者由于投入了较多资源而在市场上享有领先地位，如何对待后进入者是一个重要决策问题。先进入者做出强有力的反击是可以的，但未必是上策；容忍后进入者进入也是可以的，先进入者可以从后进入者开发的技术、开拓的市场、拓宽的销售渠道中得到好处，但也可能使后进入者坐享现成果实，从而影响先进入者的竞争地位。针对上述可能存在的风险，应很好地权衡，以寻求恰当的对策。当然，由于新兴行业具有不确定性，因此先进入者也可以接受其他竞争者并与之在技术、生产、市场划分等各方面进行合作，同行业内竞争者之间互利合作会使整个行业发展更快，对每个企业也许更加有利。

（二）成熟行业中的竞争战略

成熟行业是指由于行业竞争环境的变化，使得行业增长速度减慢，行业内技术和产品都趋向成熟的行业。任何一个行业，随着时间的推移，或早或迟都会进入成熟期。此时，市场对资源开始使用新的配置方式，使得成熟行业下的竞争环境和方式发生巨大变化，企业必须对原有的经营战略进行调整，以适应市场的变化。

1. 成熟行业的特点

（1）产品技术成熟

成熟行业的产品技术成熟是指企业对产品制造和供应上的技术的掌握。由于行业缓慢的增长，技术更加成熟，购买者对企业产品的选择就会倾向于企业所提供产品的价格与服务的组合。

（2）行业增速下降导致争夺市场份额的竞争加剧

进入成熟期后，行业产量或行业销售量的增长速度下降，各企业如果要保持其自身的增长率，就必须尽力扩大其市场占有率，这样会导致行业内企业竞争加剧。在成熟期内，行业内部会形成两方面的竞争：一是企业竞争缓慢增长的新需求；二是企业竞争相互之间的现有市场份额。竞争的加剧要求企业对市场占有率、市场地位等目标做根本性的重新定位，并重新分析评价竞争对手的反应及行动。不仅竞争者可能变得更具攻击性，而且非理性竞争也可能发生。广告、服务、促销、价格战等在成熟行业是常见的。

（3）行业盈利能力下降导致企业裁减过剩的生产能力

行业增长速度下降及买方市场的形成使行业内企业盈利能力下降，中间商的利润也受到影响。但是，如果企业未对在成长期实行的增加生产能力和增加人员的发展型战略做出调整，而出现企业投资过量、生产能力及人员冗余、生产设备闲置等情况，许多企业会考虑裁减部分过剩的生产能力和富余的内部劳动力。

（4）新产品开发的难度迫使企业调整相应职能

当行业已经成熟定型时，新产品的开发及产品新用途的开发难度会大大增加，要使企业的产品在技术、性能、系列、款式、服务等方面不断有所变化，成本及风险就会增加，此时需要企业认真研究和调整自身的策略。企业在产量上不可能再有急剧的增长，而是要在节约成本、提高质量上下功夫，要进一步在市场渗透和市场开拓方面争取有新的突破，同时在销售渠道及促销策略上也要有新的开拓。总之，行业进入成熟期，企业的各方面策略都必须做出相应的转变和调整，否则就会给企业的生存和发展带来威胁。

（5）国际竞争激烈，导致企业间兼并和收购现象增多

一旦国内行业处于成熟期，企业都会不约而同地把自己的产品销往国际市场，推动行业进一步趋向成熟。在激烈竞争的市场格局中，为了提高自己的竞争力，许多企业利用自身优势，进行兼并和收购，产生了越来越多的企业集团。这在一定程度上，又逼迫着实力相对弱小的竞争者或退出该行业经营领域，或调整产品系列。

2. 成熟行业中企业的战略选择

处于成熟行业中的企业，必须针对这一行业中独有的特点，审时度势，制定并实施能够培养和巩固竞争优势的战略。

（1）合理选择使用三种基本竞争战略

在以价格竞争为主要手段、以市场份额为目标的成熟行业里选择竞争战略时，对各种不同产品的生产规模进行量本利分析，并在此基础上组合使用基本竞争战略是十分必要的。企业应该压缩获利能力低的产品的产量，将生产和经营能力集

中到利润高或者有竞争优势的产品上。对于订单批量小的产品，采用差异化战略或集中化战略是有利的；对于订单批量大的产品，则更适合采用成本领先战略。

（2）合理调整产品结构

行业进入到成熟期后，产品的特色逐渐减少，价格也会逐渐下降，为此就需要进行产品结构分析，淘汰部分亏损或不赚钱的产品，集中生产那些利润较高、用户急需的产品，努力使产品结构合理化。实际上，在行业成熟期前企业就应当把注意力放到产品结构调整上，及时开发产品的新系列和新用途，只有这样才能避免企业在行业成熟后陷入被动。

（3）工艺创新和改进

随着行业的发展成熟，企业要注重以生产为中心的技术创新。企业应当通过创新活动推出低成本的产品设计、更为敏捷的工艺和制造方法、更低成本的营销方式，力争在买方价格意识日益增强的市场中，培养独特的核心竞争力，以期获得更多的利润。

（4）培养顾客忠诚度，维系并发展顾客关系

在行业进入成熟期后，市场竞争格局趋于均势，企业很难在短期内以打击竞争对手来提高自身市场份额。在这种情况下，企业应该采用更为有效的营销手段，最大限度地体现顾客至上的原则，提高顾客满意水平，培养顾客忠诚度。同时，企业也应开拓新的细分市场，以扩大购买顾客的规模，在留住老顾客的同时，争取大批新顾客。

（5）向相关行业转移

企业进入成熟阶段后，采取战略转移是一种十分有效的方式。如当企业感到继续留在成熟的产业中已经无利可图或只有微利时，可以采取转让、兼并等退出战略，也可以采用多元化战略，或退出该行业，或在努力避开产业内的激烈竞争而不脱离本行业经营的同时，还在其他领域进行经营。这样做可以有效分散市场带来的系统风险，在努力避开行业内的激烈竞争又不脱离本行业经营的同时，积极拓宽经营渠道，寻找新的利润增长点。

（6）实施国际化经营

随着国内市场的成熟，企业可以积极开拓国际市场。由于各个国家内部市场的发展状况不一致，国内市场饱和的产品在国外市场可能拥有巨大的需求。同时，企业也可以把生产向不发达地区转移，以降低生产成本和费用，提高产品的国际市场竞争能力。

3.成熟行业中企业战略选择应注意的问题

（1）对企业自身的形象和产业状况存在错误的认知。处于成熟行业中的企业往往自我感觉良好，经常陶醉于增长期企业所取得的经营业绩中，未觉察到产业已经进入成熟期，而实际上此时成熟行业中的顾客和竞争者的反应都发生了根本性的变化。如果企业仍以过去的态度对产业、竞争者、顾客及供应商开展经营，必然使企业陷入困难的境地。

（2）防止盲目投资。成熟产业中的企业要维持或提高一定水平的利润需要很长时间，对于在成熟的市场上投入资金来提高市场份额可能是极为不利的。因此成熟的产业可能是资金的陷阱，特别是当一个企业的市场地位并非强势，但企图在成熟的市场上提高很大的市场份额时更是如此。

（3）不要为了短期利益而轻易地放弃市场份额。行业进入成熟期的中后期时，企业经营难度加大，不可预测的因素较多，出现一段微利甚至亏损时期都是正常的。对此企业不应有过头的反应，不要轻言放弃，而应该练好"内功"，以不变应万变。有些企业可能会为了眼前利益而改变经营策略，为了节省开支，轻易地放弃市场份额或放弃对市场活动、研究开发活动等的投资，以图保持目前的利润。这种做法将动摇企业未来的市场地位，使企业在市场好转时陷入被动。

（4）企业应避免过多地使用过剩的生产能力。行业进入成熟期后，相当多的企业的生产能力会过剩，这种过剩生产能力的存在会给企业经营者造成压力，他们常会想充分利用这些过剩的生产能力，因而导致企业进一步投资，最终造成战略上的失败。因此企业管理者要对过剩的生产能力进行分析，分析其转产或代加工的可能性，为企业赢得利润，改变亏损的局面。

（三）衰退行业中的竞争战略

1.衰退行业的特点

（1）行业的产品需求下降

任何产品都有其生命周期，再好的产品也会随着技术进步、替代产品的出现或者政治、经济、社会等外在条件的变化逐渐退出市场。主要表现为：新技术和新工艺代替了落后的技术和工艺，原有的产品功能无法满足要求，导致顾客对传统产品的需求减弱；生活水平的提高使消费者偏好发生转移，从而引起行业的衰退；企业的生产不符合国家的产业政策，被迫退出市场等。

（2）衰退情况的不确定性

当销售和利润缓慢衰退时，如果企业认为需求有可能回升，将会继续保持其市场地位，在该行业中继续经营；如果企业确信行业需求将继续衰退，则要转移其生产能力，有步骤地退出该经营领域。但企业有时难以判断行业是平缓的衰退，还是由经济的周期性波动所造成的短期现象，从而难以采取适当战略。

（3）形成新的市场需求结构

在行业总体衰退的情况下，企业原有的一个或几个细分市场需求仍保持不变，甚至因其他细分市场的变化而导致这些细分市场的需求有所增加。因此，在衰退行业中，企业应该选择有吸引力的细分市场，使企业获得竞争优势。

（4）行业退出障碍的影响

衰退行业也存在退出障碍，迫使经营不佳的企业继续留在行业中从事生产经营活动。形成退出障碍的原因主要包括以下四个方面。

①高度专用化的资产会降低企业准备退出时的清算价值而形成退出障碍。因为当行业处于衰退期时，市场上打算购买这些资产的企业通常是非常有限的。

②突出的固定成本所形成的障碍。企业退出会产生固定成本处置问题，有时这些固定成本是巨大的，例如管理人员的工资、重新培训的费用、违反合同的费用与罚金、再投资费用等。

③战略、管理和感情上形成的障碍。企业考虑退出某一行业可能会影响企业各个战略组成部分之间的关联性，影响到企业的财务信誉，尤其是实行垂直一体化战略的企业，影响会更大。同时也会影响经理人员与员工的士气和感情，进而影响企业的劳动生产率和形象。

④政府与社会方面的障碍，如我国目前所面临的下岗职工安置问题等。在计划退出时，企业要妥善处理与退出障碍有关的事宜。

2. 衰退行业中企业的战略选择

（1）领先战略

领先战略是指企业凭借自身较强的实力，利用衰退产业的有利之处，通过面对面的竞争，成为产业中保留下来的少数甚至唯一的企业。这类企业拥有平均水平以上的利润潜力，能形成一个较优越的市场地位，以此使企业在行业中处于领先或支配地位。一旦形成这种形势，企业还要进行一定的投资，当然这种投资是要冒较大风险的，需要企业收集尽可能多的信息，认真做好可行性分析。

（2）合适地位战略

实施合适地位战略的企业首先要认清，衰退行业中的某一部分市场仍有一定的需求，并且在这部分需求中还能获得较高的收益，企业应当在这部分市场中建立起自己的地位，以后再视情况考虑进一步的对策。这样需要追加一部分投资，但投资规模及风险较小。

（3）收割战略

收割战略是指实施有效的投资，从优势中获利。采用收割战略，企业会力图优化业务现金流，取消或大幅度削减新的投资，在后续销售中从业务拥有的残留优势上谋取利益或从过去的商誉中获利，以提高价格。收割战略的前提是拟退出企业拥有某些方面的行业竞争优势，同时衰退阶段的行业环境不至于恶化为战争。从管理角度看，此战略是比较有利的。

（4）快速放弃战略

实施快速放弃战略的条件是企业自身的实力有限，而行业的不确定性和退出障碍高。这种战略的依据是，在衰退阶段的早期出售这项业务，企业能够从此业务中最大限度地得到最高卖价。这是因为出售这项业务越早，资产市场需求没有饱和的可能性就越大，企业能从这项业务的出售中实现最高的价值。因此，在某些情况下，在衰退前或在成熟阶段即放弃一项业务可能是很吸引人的。一旦衰退趋势明朗，产业内部和外部的资产买主就将处于一个非常有利的讨价还价地位，那时再卖掉资产为时已晚。当然，早期出售资产，企业也要承担对今后需求预测不准确而造成的风险。

3. 衰退行业中企业战略选择应注意的问题

（1）不能客观地分析衰退行业的形势

可能是由于行业的长期存在，或者对替代品认识不清，或者行业有较高的退出壁垒，企业经营者对周围环境不能做出实事求是的估计和预测。因为悲观的信息对管理者来说是十分痛苦的，他们总是寻找乐观的信息，因此企业经营者总是根据以往的经验，对衰退行业的复苏抱过分乐观的估计，甚至不听周围人的劝告，这是十分危险的。本来在早期发现危机还可以挽救的企业，由于经营者的主观判断错误，错过了时机而葬送了企业的生命。

（2）应避免打消耗战

如果企业实力较弱，应在发现行业进入衰退期时立即采取迅速退出战略，若与行业内的竞争者一味竞争下去，不仅本企业不会取得在衰退行业中的应有位置，还会给企业带来灾难，因此企业应尽量避免打消耗战。

（3）应谨慎采用逐步退出战略

当企业没有明显实力时，采用逐步退出战略会使企业陷于崩溃之中。一旦市场或服务状况恶化，或者行业内已有一两家企业退出该行业，则行业内的状况便可能急转直下，企业会很快地转移他们的业务，产品售价可能被迫降低。因此企业要权衡自己的实力与管理上的风险，谨慎采用逐步退出战略。

另外，在衰退行业中的企业也不能消极地只看到其中存在的威胁，因为在某些行业中也存在着新的发展机会和振兴的条件，利用好这些机会和条件，也有可能使企业获得新生。

（四）零散行业中的竞争战略

零散行业是一种重要的结构环境，在这种行业中，竞争企业很多，行业集中度很低，没有任何一家企业占有显著的市场份额优势，也没有任何一家企业能对整个行业的发展产生重大的影响，即不存在能左右整个行业活动的市场领袖。一般情况下零散行业由若干竞争力相近的中小规模企业组成，存在于许多经济领域中，如服务业、零售业、快餐业、服装制造业等。

1. 造成行业零散的原因

分析行业零散的原因是企业制定竞争战略的基础。造成行业零散的原因很多，但主要原因是行业本身的基本经济特性。

（1）进入壁垒低或存在较高的退出障碍

进入壁垒低的行业只要表现出一定的获利潜力，就会形成较大的吸引力，以至于绝大多数投资人和资本都可以轻易地进入该行业，特别是对新的进入者而言，进入壁垒低使它们能以最初的小额积累开始创业尝试；同时，如果行业存在较高的退出障碍，则收入持平的企业倾向于在行业中维持。

（2）多种市场需求使产品高度差异化

在某些行业中，顾客的需求是零散的，不愿意接受标准化的产品，每一位顾客都希望产品有不同式样，也愿意为此付出一定代价。这种需求的多样性在日常消费行业中表现得非常明显，如餐饮、理发、女性时装等行业。另外，市场需求的区域差异也会产生零散需求。因此，需求零散导致产品高度差异化，顾客对某一特定产品式样的需求很小，这种数量不足以支持某种程度的生产、营销以使大企业发挥优势。

（3）不存在规模经济或经验曲线

大部分零散行业在其运营活动的每个主要环节如制造、市场、研究与开发等都不存在规模经济或经验曲线。有些行业即使存在规模经济，也由于各种原因难以达到经济规模而不能实现。如在水泥、化工行业，高运输成本限制了高效率企业的规模及生产地点，决定了其市场及服务范围，抵消了规模经济性。由于库存成本过高或市场销售不稳定，企业产量发生波动而不能实现规模经济，此时大规模企业的灵活性就不如小规模、低专业化的企业。

2. 零散行业中企业的战略选择

在许多情况下，产业零散确实是由产业不可克服的经济原因造成的。在零散行业中，不仅存在许多竞争者，企业也处于对供应商和销售商不利的地位。因为每一个行业都有其不同点，所以没有一种通用的、最有效的战略方法指导企业在零散型行业中进行竞争。但是存在数种可能的战略方法去应对零散结构，企业应视具体情况而采用相应的战略。

（1）建立有集中控制的连锁经营

企业运用这种方法主要是为了获得成本领先的战略优势。连锁经营可以改变不合理的分散布局，形成规模经济。通过建立区域性的配送中心，降低供产销环节的成本，从而形成竞争优势。但在连锁经营中，首先要强调集中统一协调的管理，这样可以使连锁企业分享共同的管理经验和市场信息；同时，要给参加连锁的企业一定的经营自主权，以适应地区化的差异，降低企业的经营风险。

（2）分散布点，特许经营

在零散行业里，企业要形成差别化，多采取特许经营的方式，获得竞争优势。在特许经营中，一个地方性的企业常常既是所有者又是经营者，可以有很强的事业心管理该企业，保持产品和服务质量，满足顾客的需求，形成差别化。企业通过特许经营还可以减轻迅速增加的财务开支，并获得大规模广告、分销与管理的经济效益，使企业快速成长。

（3）增加产品或服务的附加价值

许多零散行业的产品或服务是一般性的商品，其本身实现差异化的难度较大，在这种情况下，一种有效的战略是给经营的产品或服务增加附加价值。如在营销中提供更多的服务，从事产品的最后加工或在产品销售给顾客之前对零部件进行分装或装配等，以此增加产品或服务的针对性和实用性，产生更高的附加价值。另外，也可以通过前向一体化整合营销，更好地控制销售条件，以提高产品差异化，增加附加价值。

（4）产品类型或产品部分专门化

如果造成产业分散的原因是产品系列中存在多种不同产品，那么集中力量专门生产其中少数有特色的产品是一种有效的战略选择。它类似于集中化战略，可以让企业通过使其产品达到足够大的规模来增加对供应商的议价能力。

（5）顾客类型专门化

企业专注于行业中一部分特定顾客也可以获得潜在收益。可能这些顾客因为购买量小或规模小而造成讨价还价能力低或对价格不敏感，或需要企业随基本产品和服务而提供附加价值。像产品专门化一样，顾客专门化可能限制企业发展前景，但企业可能会获得更高的利润率。

（6）地理区域专门化

有些企业在行业范围内达不到显著的市场份额或不能实现全国性的规模经济，但在某一地区范围内可能得到重要的经济性，其方法是集中设备、市场营销注意力和销售活动，如选择更有效率的广告，使用唯一的经销商等获得经济性。如在食品行业，区域覆盖战略效果非常好，尽管存在一些大型企业，但食品行业仍具有零散行业的特点。

3.零散行业中企业战略选择应注意的问题

处于零散行业中的企业在采用上述战略时，若未能注意到零散行业特有的性质，可能导致经营失败。因此，企业在进行战略选择和实施时应注意以下问题。

（1）避免寻求支配地位

零散行业的基本结构决定了寻求支配性市场份额是无效的，除非可以从根本上改变行业集中度。形成行业零散的基本经济原因一般会使企业在增加市场份额的同时面对低效率、失去产品差异性及供应商和顾客的各种想法。企业企图在零散行业中在所有方面占据优势，会导致竞争力量的脆弱性达到最大值。

（2）避免全面出击和随机性

在零散的行业中，企业要面向所有顾客生产经营各种产品和提供各种服务是非常困难的，很难获得成功，反而会削弱企业的竞争力。另外，企业在战略的实施过程中，不可随意调整以往的资源配置。在短期内，频繁的调整可能会产生效果，但在长期的发展中，战略执行过于随机，会破坏自身的资源，削弱自身的竞争力。

（3）管理上不要过分集权

零散行业的基本特点是特别强调人员的服务质量、与地方及社区组织保持紧密联系、提供近距离服务、对顾客需求变化能及时做出反应等。而集权式组织结构易造成反应迟钝、效率低下，从而削弱企业的竞争力。对零散行业中的企业来说，集中控制是必要的，但集权的组织结构是不合适的。

（4）避免对新产品做出过度反应

在零散行业中出现的新产品，通常在开始阶段需求增长迅速，盈利率较高。但是行业的进入壁垒并不高，许多企业则认为市场具有巨大的需求量，于是便投入大量资金。这种过分的反应会导致行业内部竞争激烈，此时顾客有机会利用行业内的竞争而加强讨价还价的能力，导致这种新产品很快进入成熟期，需求和利润也迅速下降，企业投资所期望得到的收益就很可能落空。因此，如果对零散行业内出现的新产品反应过激，企业会付出很大的代价，可能在竞争中处于十分不利的地位，致使经营风险增大。所以，零散行业中的企业，应恰当地对新产品做出反应。

二、同一行业中不同竞争地位的企业竞争战略

处于同一行业中的企业在市场中的竞争地位有多种分类方法。一般来讲，根据企业在目标市场上所占份额的大小，可将企业分为行业领导者、一般企业和弱小企业。拥有不同市场地位的企业需要采取不同的竞争战略。每家企业都要依据自身的资源、所处的环境以及在行业中的地位来确定自己的竞争战略。

（一）行业领导者的竞争战略

行业领导者是指在相关产品市场占有率最大的企业。一般而言，大多数行业有一家企业是领导者，它在价格变动、新产品开发、分销渠道建设和促销力量等方面处于主导地位。行业领导者既是市场竞争的领先者，也是其他企业挑战、仿效或回避的对象，行业领导者的地位是在竞争中自然形成的，但不是固定不变的。行业领导者如果没有获得法定的垄断地位，必然会面临竞争对手的攻击。行业领导者为了击退其他公司的挑战，保持领先的市场地位，须采取恰当的竞争战略。

1. 扩大市场总需求

市场领导者在市场上占有巨大的份额，当一种产品的市场需求总量扩大时，受益最大的是处于市场领导地位的企业。因此，市场领导者会努力从以下三个方面扩大市场需求量。

（1）吸引新的使用者。每类产品都有吸引新的使用者的潜力，因为有些顾客或者不知道这种产品，或者觉得产品价格不当，或者觉得产品无法提供某种性能而拒绝购买这类产品。企业可以从三种群体中寻找新的使用者，比如，当香水还只是一部分女性使用时，香水企业可以说服那些不使用香水的女性也使用香水（市场渗透策略），或说服男人开始使用香水（新市场策略）。

（2）发现产品的新用途。杜邦公司就是通过不断开发尼龙的新用途而实现市场扩张的。

（3）鼓励顾客增加产品的使用量。

2. 保护市场份额

在努力扩大市场规模的同时，处于领导地位的企业还必须时刻注意保护自己的现有业务，以防受到竞争者的侵犯，这就需要采取保护现有市场份额的策略。常用的保护市场份额的策略有以下六种。

（1）阵地防御。市场领先者在其现有的市场周围建造一些牢固的防卫工事，以各种有效战略、战术防止竞争对手侵入自己的市场阵地。阵地防御是一种静态的、被动的防御，是最基本的防御形式。

（2）侧翼防御。市场领先者建立一些作为防御的辅助性基地，用以保卫自己较弱的侧翼。对挑战者的侧翼进攻要准确判断，改变营销战略战术，防止竞争对手乘虚而入。

（3）先发制人防御。在竞争对手尚未动作之前，主动攻击并挫败竞争对手，在竞争中掌握主动地位。具体做法是当某一竞争者的市场占有率达到对本企业可能形成威胁的某一危险高度时，就主动出击，对它发动攻击，必要时还需采取连续不断的正面攻击。

（4）反攻防御。面对竞争对手发动的降价或促销攻势，主动反攻入侵者的主要市场阵地。可实行正面回击战略，也可以向进攻者实行"侧翼包抄"或"钳形攻势"，以切断进攻者的后路。

（5）运动防御。市场领先者不仅要固守现有的产品和业务，还要把自己的势力范围扩展到新的领域中去，而这些新扩展的领域可能成为未来防御和进攻的重心。

（6）收缩防御。市场领先者逐步放弃某些对企业不重要的、疲软的市场，把力量集中用于主要的、能获取较高收益的市场。

3.扩大市场份额

行业领导者在有效保护自己市场份额的基础上，还要努力将其提高。因为通常随着企业在其经营的市场上获得的市场份额不断增大，它的利润也将相应增加。不过，切不可认为市场份额提高会自动增加利润，企业在扩大市场份额时还应考虑以下三个因素。

（1）经济成本。当企业的市场份额超过了某一限度继续增加时，经营成本的增加速度就会大于利润的增加速度，那么企业的利润反而会随市场份额的上升而下降，得不偿失。

（2）企业在争夺市场份额时所采用的营销组合策略。有些营销手段对提高市场占有率很有效，但未必都能提高利润。

（3）引起反垄断诉讼的可能性。为了保护自由的市场竞争，防止市场垄断出现，许多国家制定了反垄断法。当某家企业的市场份额超过一定限度时，就有可能受到反垄断制裁。

（二）一般企业的竞争战略

一般企业是指在一个行业中竞争力位于领导者之后、居于中游的企业，其市场份额比行业领导者小，也称二流企业。根据市场竞争实力的强弱，可进一步地将其分为两类：一类是竞争力较强，欲通过实施进攻性的战略夺取市场份额以建立更稳固的市场地位的企业，可称其为市场挑战者；另一类企业则因实力有限，满足于现有的状况，只要通过经营保持现有的市场地位即可，称为市场跟随者。下面根据一般企业所处的行业特性分别探讨各自应该采取的竞争战略。

1.具有规模经济的行业的竞争战略

如果一个行业具有规模经济，就能为占有大市场份额的企业带来竞争优势。处于此行业中的企业有两个战略选择：模仿进攻性行动，获得销售额和市场份额（可以建立达到大型竞争企业所享有的规模经济所必需的产量）；从业务中撤退。大多数公司选择前者，具体采取以下战略措施。

（1）低成本战略。采取联合行动，降低成本的同时降低价格，整合价值链；更好地管理成本驱动因素，提高经营运作效率；同竞争对手合并或并购等。

（2）差别化战略。实施以下列因素为基础的差别化战略：质量、技术卓越；更好的顾客服务；不断进行产品开发与革新。在此类行业中，如果规模经济是成功的关键因素，则市场份额低的公司提高竞争地位会存在以下障碍：一是在制造、分销或促销活动中获得经济性的可能性比较小；二是很难获得顾客的认同；三是不能大规模地提供大众媒体广告；四是在资金方面有困难。在这种情况下，公司可以通过以下措施建立竞争地位：一是将力量集中在能产生竞争优势的细分市场上；二是发展可能被顾客高度重视的专有技能；三是率先推出新的或更好的产品，建立产品领导者的形象；四是使公司比变化慢的领导者企业更灵活，更具创新性、适应性。

2. 不具有规模经济的行业的竞争战略

如果规模经济或者经验曲线效应很小，大的市场份额并不能产生任何成本优势，那么，二流公司就有更大的灵活性，可以考虑以下六个策略。

（1）空缺市场点战略。这是聚焦战略的变形，涉及将公司的精力集中到市场领导者忽略的顾客或者最终应用上。一个最理想的空缺市场点应该拥有足够的规模和范围为公司赢得利润，有一定的成长潜力，很适应公司自身的资源和能力，不足以激起市场领导者的兴趣。

（2）专业战略。专业厂商往往将其竞争行动集中在一个细分市场上，如某个产品、某项特定的终端使用、特殊需求的购买者等。其目的在于通过产品的独特性、产品所拥有的专业技能和专业化的顾客服务来建立竞争优势。

（3）卓越产品战略。这一战略的基础是卓越的产品质量或者独特的产品属性，因为市场营销直接面向那些对质量敏感和以性能为导向的购买者。精湛的技艺、卓越的质量、频繁的产品革新，或者同顾客签订紧密的合同以吸引他们使用公司开发的更好的产品，都可以支持卓越产品战略。

（4）跟随者战略。跟随型公司往往都不去模仿领导者的战略行动，也不积极地从领导者手中争取顾客。跟随型公司更喜欢采用那种不至于激起报复行动的策略，比如采用聚焦和差别化战略以避开领导者的注意。跟随型公司往往只是做出被动的反应而不去进行挑战，更喜欢防御而不是进攻，同时也不会寻求与领导者在价格上的不一致。

（5）通过并购达到成长的战略。有一种加强公司地位的途径是同比自己弱小的公司合并或者将它们并购过来，组建一个有着更多竞争强势的和更大市场份额的公司。

（6）特异形象战略。有些一般公司用一些能够更加凸显自身企业形象的方式来制定自己的战略。可以运用的战略途径很多，如创造一个超越所标价格更高的声誉；以更合理的价格为购买者提供卓越的质量；竭尽全力提供卓越的顾客服务；设计独特的产品属性；在新产品方面成为领导者；设计不同寻常的创造性广告等。

（三）弱小企业的竞争战略

1. 转变战略

如果一项值得挽救的业务陷入了危机，那么就必须采用转变战略。其目标是尽快遏制和逆转公司的竞争和财务劣势。管理部门的第一项任务就是寻找业绩差的根源。公司经营不良的主要原因有：债务过重，对市场发展估计过于乐观，忽略了通过降价提高市场份额而导致的对利润的影响，由于不能充分利用生产能力而导致固定费用过高，投入大量资金用于研究与开发以提高竞争地位和盈利能力却无成果，对公司进入新市场的努力估计过于乐观，频繁变动战略等。转变战略可以采取以下方式实现。

①增加或保持现金流。现金流很关键，而产生现金流最可行的办法是变卖公司的一部分资产、去掉产品线中薄利的产品、关闭或者变卖老式的生产工厂、减少劳动力、减少顾客服务等。在有些情况下，陷入危机的公司变卖资产与其说是解除衰退业务的负担，还不如说是遏制现金的流失以拯救和加强余留的业务活动，也就是"丢卒保车"，断一臂而保全身。

②战略变动。如果由于战略失误引起公司衰退，则须重新分析制定战略。根据行业环境、公司资源的态势、竞争能力及危机的严重程度，具体可采取以下策略：一是转向一个新的竞争途径，重新建立公司的市场位置；二是彻底检查企业内部活动、资源能力、职能战略，以便更好地支持原来的业务战略；三是与同行业公司合并，制定新战略；四是实施收缩战略，关闭工厂，减少人员，减少产品和顾客，更加紧密地与公司资源能力、优势相匹配。

③提高收入。不断提高销售的目的在于提高收入。提高收入的方式有很多，如削价、加强促销力度、扩大销售队伍、增强顾客服务、快速对产品进行改善等。如果因为存在差别化的特色而使购买者的需求对价格并不具有特别的敏感性，那么，提高短期收入的最快途径就是提高价格，而不是选择提高销售量的削价行动。

④削减成本。削减成本的转变战略在下列情况下最奏效：不景气公司的价值链和成本结构有着足够的灵活性，允许进行大的调整；公司可以确定并矫正经营运作中的缺陷；公司的成本中有着明显的"肿块"，同时很多地方可以快速实现成本节约；公司相对来说比较接近平衡点等。除了采用一般的紧缩政策之外，

还应该加强对削减管理费用、清除非关键或低附加值的活动、现有设备实现现代化以提高生产率、推迟非关键性资本花销、进行债务重组、减少利息成本和延长偿付期等措施的重视。

2. 收尾战略

收尾战略是一个渐渐退出所在行业的战略，是处于维持现有状况和尽快退出该行业之间的一种状态。它以牺牲市场地位获取更大的近期现金流或利润，其根本财务目标是收回尽可能多的现金以便用于开拓其他业务。

（1）收尾战略的实施

一方面，将经营运作预算削减到最低限度，对原来业务中的再投资也降到最低限度，不再拨款购买新的设备，将相关资本开支的优先度降到很低。另一方面，公司应该采取一定的措施尽可能延长现有设备的寿命，尽可能长时间地处理现有的设备，可以慢慢地提高价格，渐渐地降低促销费用，可以不十分明显的方式降低产品的质量，减少非关键性的顾客服务等。虽然这些行动可能会导致销售额和市场份额下降，但是，如果能够加快削减现金费用，就可以提高税后利润和现金流，原来的业务慢慢地萎缩，但这必须是在实现了相当的现金流之后。

（2）收尾战略适用的条件

收尾战略在下列条件下适用：行业前景没有吸引力；搞活原来业务的成本和代价很大，或者获得的利润很薄；维持或保护公司的市场份额所付出的代价在上升；竞争上的松懈不会导致销售很快和直接下降。多元化公司中，原来的业务不是其整体业务组合线的关键或核心部分，并没有给公司的业务组合做出独特的贡献，也适用于收尾战略。

第三节　企业国际化战略

一、企业国际化战略概要

（一）企业实施国际化战略的背景

21 世纪以来，经济全球化和信息化成为世界经济的新趋势。企业的国际化，既可表现为把产品或劳务输出国外，也可表现为对外进行直接投资，在国外建立分支机构。经济全球化的出现，有利于资源和生产要素在全球的合理配置，有利于资本和产品的全球性流动，有利于科技的全球性扩张，有利于促进不发达地区经济的发展，是人类发展进步的表现，是世界经济发展的必然结果。

1. 经济全球化与企业国际化战略互动

经济全球化与企业国际化战略的关系十分密切，经济全球化的出现是企业实行国际化战略的前提和基础，也就是说，企业国际化是为了适应经济全球化的竞争需要而产生的。

（1）经济全球化是企业实行国际化战略的前提和基础

经济全球化的到来打破了企业之间的国界限制，国与国之间的企业开始进行灵活的自由贸易。为了适应经济全球化的发展，企业管理者们意识到，只有改变原有的生产经营模式，实行企业的国际化管理，才能继续在纷繁复杂的国际环境中获得一席之地，才能不被全球化的浪潮所淹没。所以说经济全球化是企业实行国际化战略的前提条件。

（2）企业国际化战略是经济全球化的具体表现

企业国际化战略并不是一成不变的，而是根据经济全球化的不断变化逐步完善和发展起来的。企业国际化的内容、方式和特征反映了经济全球化的内容和特征，是经济全球化在企业中的具体表现。经济全球化的出现引起了众多企业的关注，企业只有适应经济全球化的快速发展，才能实现既定目标，在国际市场上越走越远。

2. 企业国际化是企业自身发展的迫切需要

21世纪以来，和平与发展成为世界发展主旋律。现代科学技术为各国经济的发展提供了有利时机，同时也使国内、国际市场的竞争更加激烈。为了获得更大的经济利益，企业必须寻求最佳的生产要素，实现最优组合，寻求最有利的投资机会，为产品找到最好的市场。企业参与国际市场，以产品出口为导向，或通过直接投资进行跨国经营，利用生产要素和管理技能，在复杂多变的国际环境中，提高自我生存和发展的能力。企业国际化顺应了世界经济一体化的潮流，是各国经济走向世界的必由之路，也是企业追求高额利润和全球范围内生产要素优化配置的必然结果。

（二）企业国际化战略的动因

从企业经营实际来看，企业国际化的动因主要有以下七种。

1. 利用优势

如果企业拥有较强的竞争优势，那么企业内部的张力就会要求它通过扩张规模和扩张市场来实现这些优势。对于具有对外直接投资能力的国家或公司必须具备一些特定优势，这些特定优势即是折衷理论中所论述的所有权优势（Ownevship）、区位特定优势（Locarion）和内在化优势（Internalization），即著名的 OLI 优势，它是企业实施国际化经营的基础。

2. 开拓市场

跨国公司进入国际市场是因为国内市场已经饱和，或国外市场有发展空间。这种国际化的目的是追求新的利润增长点。尽管短期内可以不考虑盈利问题，但从长远来看，这种国际化战略是非常有必要的。中国改革开放以来，取得了举世瞩目的成绩，使以中国为首的东亚地区具有全球最具潜力的消费品市场。全球大多数企业不想忽视这一市场的巨大商机。

3. 扩大生产规模

企业将过去主要在国内销售的产品与服务输出到国外，既可以扩大生产规模，降低生产成本，获得规模经济效益，又可以逐渐占领国际市场，提高产品竞争力，为企业实行全球化经营奠定基础。企业的规模经济是经验曲线的成因，最佳经验曲线是指该曲线尽可能地下滑，使企业获得成本效应。

4. 降低成本

成本压力使跨国公司不断在全球范围寻找最低成本制造地区，进行制造基地的转移，以获取成本优势。目前中国和印度因为丰富的人力资源和低廉的物料价格，形成全球制造业基地。

5. 获取关键性战略资源

由于资源在国家间和企业间的分布是不均衡的，企业为了获得对发展有利的关键性资源，需要付出较高的代价。而利用国际化经营，企业可以更便利地获得这些资源，并降低获取时所支付的成本。这一点在以直接投资为主要形式的国际化企业中尤为明显。通过在国外投资建厂，企业可以直接获得和使用廉价的物质资源，借鉴和学习国外对手所具有的产品、质量、设计、工程技术方面的知识，了解国外市场的需求。

6. 克服贸易壁垒

在国际贸易中，存在大量的贸易壁垒，包括关税壁垒和非关税壁垒。随着贸易自由化的发展，关税壁垒的限制作用越来越小，反而是大量的非关税壁垒在限制外国商品与劳务进入本国市场。跨国公司为了规避贸易壁垒，通常会直接进入目标国投资设厂，合资或独自生产有竞争力的产品。

7. 潮流效应

潮流效应吸引竞争对手纷纷集中在某一个地区发展，如巴黎的时装业、意大利的皮具、好莱坞的电影娱乐业等，这些地区是全球产业的风向标，各种企业进入这些地区可以学习最前沿的行业动态，使企业与国际潮流同步发展。

此外，企业国际化还有其他原因，比如追求优惠政策、优化资源配置、本国政府的干预、顾客牵引，还有防止人才、资金、技术等资源外流，避免本国政治、经济环境的波动对企业的影响等。

（三）企业国际化战略的分类

1. 国际化战略

国际化战略是一种由母公司开发现有的核心能力并传递到子公司的战略模式。在国际化战略下，子公司虽然有一定程度的根据当地情况革新产品的自由，但像研发这样的核心能力还是集中在母公司。子公司在新产品、新工艺、新概念上依赖于母公司，需要母公司进行大量的协调和控制。

在国际化战略下，母公司向世界各地的子公司转移技术和知识。国际化战略的一个突出缺点是它不能为子公司提供最大限度的自由，使它们根据当地的情况做出反应。此外，它通常不能以规模经济实现低成本。追求国际化战略的企业的产品在各国市场上完全标准化，具有高度一体化的形象和规模经济，由总部制定经营决策，各国分支机构只负责执行，所以对当地市场的适应能力较差。

2. 多国战略

多国战略（多国本土化）的母公司虽然也行使最终控制权，但它赋予子公司很大的自主权，各子公司可以根据当地的情况做出相应的改变。在多国战略模式下，每个子公司是一个自治的单位，具备在当地市场运作所需要的所有职能。

多国战略根据本地客户的响应，制定产品与营销战略，在经营业务的国家里建立一整套从制造、营销到研发的价值活动。因此，实施这种战略的企业无法获得经验曲线效应和地域经济的利益。多国战略的主要缺点是较高的制造成本和重复工作。

3. 全球战略

全球战略的特点是母公司集中决策,并对海外的大部分业务实行严格的控制。那些采取低成本全球竞争战略的公司通常采用这种模式。采用全球战略的公司通常在成本低廉和技术较好的地方进行生产,将标准化的产品向全球市场销售。

采用全球战略的公司为了寻求低成本,通常选择少数几个成本低廉的地方建立全球规模的加工工厂以实现规模经济。规模经济可以通过在新产品开发、工厂、设备以及全球营销中分摊投资中的固定成本来实现。

采用全球战略的国际企业很少对不同国家用户的不同品位和喜好做出反应。因此,试图采取全球模式的跨国公司事先必须考察不同市场中的消费者是否偏好相似。使用全球战略的公司需要做大量的协调工作,而且这类公司还必须为在不同国家的子公司之间进行的产品转移确定价格。

4. 跨国战略

在全球经济中,要想获得竞争优势,需要同时从适应当地情况、转移技术和节约成本中追求利益,从而使企业能够获得全球扩张所带来的利润。这就产生了一个新的组织战略模式——跨国战略。

跨国战略的特点是将某些职能集中在最能节约成本的地方,把其他一些职能交给子公司,以便更好地适应当地的情况,并促进与子公司之间的交流及技术的转移。在采用跨国组织模式的公司中,研发职能都集中在本国进行,其他一些职能也可能在本国,但不是必须在本国。为了节约成本,公司可以把劳动密集型产品的生产厂建在低劳动力成本的国家,把需要技术型劳动力的工厂建在技术发达的国家。把销售、服务和组装职能交给各国的子公司,以便更大程度地适应当地的情况。因此,大部分零部件在集中的工厂制造以实现规模经济,然后运到各地的工厂组装成最终产品,并且按照当地的情况对产品做出改动。跨国模式需要子公司之间有大量的沟通。子公司之间为了实现共赢,相互转让技术和知识;同时集中化的加工厂与各地的组装厂之间相互协调,从而高效率地运行全球集成的生产体系。

（四）企业国际化战略的特点

企业实行国际化战略需要超越国界,在全球范围内进行经营,使它们面临的环境与国内市场存在较大的差异，具体来说表现在以下六方面。

1. 跨国界经营

与国内经营活动相比，国际经营要涉及不同的主权国家，企业所面对的不是单一的外部环境，而是多元、复杂的外部环境，而且这种多元性和复杂性往往随着国际化经营的地理范围和目标市场的扩大而日趋扩大。第一，各国政体和国体差异决定了国际经营活动所面临的政治和法律制度各不相同。第二，不同的经济体制和经济发展水平决定了从事国际化经营的企业面对的经济环境有别于国内。第三，各国生活方式、语言文化的差别又决定了国际经营者必须面对多种文化冲突的问题。这就要求国际企业的管理制度、组织结构、决策程序、人员配备必须适应国际化的环境。

2. 多元化经营

国内大型企业虽然也有多元化经营，但一般说来，其跨越行业的幅度并不太大，在本行业以外的投资比例也不大，而且跨领域经营的现象并不普遍。而国际企业，特别是大型跨国公司，跨越生产领域的幅度往往很大，有些生产领域的经营性质甚至完全不同，各产品之间的技术联系很少。其中很重要的一个原因在于多元化的国际经营可以降低国别风险。国际企业经营者可以根据国别环境的差异，调整其经营方向和重点，为本企业的发展寻求更多的机会。譬如，把产品生命周期与国别经济发展水平差异结合起来，通过国际化经营有效地延长产品生命周期和提高企业经营效益。

3. 资源共享

国际企业允许各子公司和代理机构共同利用公司的资源，如资产、专利、商标及人力资源等。由于各子公司和代理机构是企业的组成部分，它们可以得到外部企业所不能够得到的资产。

4. 全球战略和一体化管理

相对于国内经营而言，国际企业的决策要复杂得多。因为任何国际企业在国际经营决策过程中，要考虑的因素更多，要协调的子系统更多，要在一个更广的范围、更长的时间内进行成本和效益规划。因此，国际经营决策者必须综合内外部环境和经营目标，制定有效的全球性经营战略，将各子公司和代理机构整合到企业中。在全球战略目标的指引下，公司内部实行统一指挥，彼此密切配合、相互协作，形成一个整体，以保证公司的整体利益。国际企业管理的一体化表现在：

一方面，通过分级计划管理来保证公司全球战略的实现；另一方面，总公司与分支机构、子公司之间，各分支机构、各子公司之间，通过互通情报、内部交易来降低风险，共负盈亏。

5. 竞争激烈

在国际市场中，各国产品制造商之间的竞争十分激烈。凭借先进的生产管理技术，跨国公司成为国际市场上的一支重要力量。它们实力雄厚，进行国际经营活动的经验丰富，在许多产品领域占有重要地位。企业国际化经营的风险相比国内来说要大得多。

6. 计划和组织周密

国际市场空间广泛，经营的复杂性和信息管理难度大，这对国际化企业的经营活动的计划和组织提出了更高的要求，包括供应链管理、产品生产、销售、运输等方面的计划和组织。国际化企业所需的原材料、配件、销售市场都在国外，如何协调运作、保持高效率是个难题。因此，对国际化企业来说，在全球供应链、产品生产、销售、运输过程方面的计划和组织都比国内经营的企业要求更高。

二、企业国际化战略环境分析及风险规避

（一）企业国际化环境因素分析

国际化经营的环境要素包括政治与法律环境、经济和技术环境、贸易体制、文化环境、自然地理环境等。

1. 政治与法律环境

企业要顺利地贯彻其国际经营战略，提高国际经营效果，必须对目标市场的政治环境予以充分的关注，并努力把握其内在规律。政治环境主要由政府体制、政党体系、政局稳定性、政府效率、政府对经济的干预程度、政府对外经济政策等因素构成。

法律环境是指本国和东道国颁布的各种法规，以及各国之间缔结的贸易条约、协定和国际贸易法规等。一个国家的法律体制，特别是涉外法律体制是外来经营者所关注的重点。这是因为投资所在地的法律和法规对投资者的投资活动起制约作用，同时也是投资者投资权益得到保障的基础。健全的法律体制应体现为法律体系的完备性、各项法规的稳定性及法律实施的严肃性。

2. 经济和技术环境

经济环境是影响国际经营活动的重要因素之一，是国际经营环境分析的重点。在经济环境分析过程中，通常有静态和动态分析方法。前者以现有经济状况，如现存经济体制、收入水平和消费结构等为分析对象，主要服务于短期经营策略的制定。后者以经济环境的变动状况，如经济增长率等为研究对象，主要为长期经营战略的制定服务。

东道国的技术环境包括科技发展现状、科技发展结构、现有工业技术基础、政府对科技发展的政策等。东道国科技发展水平对国际企业的影响，首先体现在对投资的吸纳程度上；其次体现在投资产业结构的选择上，如技术密集型、资本密集型、劳动密集型和资源密集型等。企业的研究与开发能力与技术环境密切相关，技术是影响企业发展的关键因素之一。

3. 文化环境

社会文化环境是指一个社会的价值观、风俗、语言、教育、社会结构、宗教和道德观的总和，它具有继承性、相关性和共享性等特征。由于社会文化环境内容庞杂、涉及面广，它对国际经营活动的影响也是非常大的。

4. 自然地理环境

自然地理环境主要包括自然资源、地理位置、土地面积、地形地貌和气候条件等。它们共同体现了一国的物质特征，是决定社会具有何种特征和以何种方式满足自身需要的主要因素。就自然资源而言，资源禀赋不同的国家，其产业构成、产品种类、经营成本构成等各不相同。这种资源禀赋差异既是国际贸易的重要因素，也是引发国际投资的动力。地理环境对国际经营活动的影响主要表现在产品战略和市场经营体系的建立与发展等方面。一国的海拔高度、温度、湿度变化等，都可能影响产品和设备的使用性能与运输，甚至还会影响经济、贸易和交通的发展。

（二）企业国际化环境的风险规避

1. 国家风险的规避

国际化企业规避国家风险的主要方法是对目标市场进行调研，关注其政治、经济及贸易相关政策和法令的变化，尽可能做出准确的预测，特别要慎重进行对有战争危险、政局不稳定的地区的投资。自21世纪起，每年中国出口信用保险公司都会推出《国家风险分析报告》，它是目前我国国内唯一面向政府、金融机构和企业公开发布的国家风险报告，国际化企业可参考它来界定国家风险。

2. 商业风险的规避

（1）加强对进口商资信调查，慎重选择贸易结算方式。出口企业可通过资信调查，针对进口商及市场的变化，及时调整交易策略，选择最佳的贸易结算方式。对资信良好的进口商可以放宽信用条件；对资信不好的进口商应提高警惕，加强防范措施，提高交易条件，必要时应放弃交易，切不可抱侥幸心理。

（2）投保出口信用保险。对一些潜在的商业风险，特别是那些出口企业自身无法规避的风险，出口企业的明智之举是以投保出口信用保险的方式，将商业风险和政治风险转移给保险公司，从而有效地避免经营中的贸易风险。

（3）审慎签订合同条款。对外贸易合同风险主要来自两个方面：合同主体欺诈风险与合同条款风险。对外贸易合同对买卖双方的责任、权利、义务、费用和风险等进行了明确的划分，具有法律效力。企业要对货物品质、货物数量、货物的包装、货物价格及贸易术语、货物的交付、支付的方式、商品检验、仲裁等合同条款逐一进行审核。此外，对变更合同主体条款，诈骗者因各种原因建议由第三方代替自己履约，变更合同运输条款，改班轮运输为租船运输；变更支付条款，改信用证支付为托收或汇付，变更检验机构或检验项目等都要特别注意。

3. 国际汇率风险防范

国际汇率风险防范的主要方法是，正确选择计价货币、收付汇和结算方式。一般来说，涉外企业在出口商品、劳务或对资产业务计价时，要争取使用汇价趋于上浮的货币；在进口商品或对外负债业务计价时，争取用汇价趋于下浮的货币。一般情况下，在进口合同中计价结算的外币汇率趋升时，进口商品尽可能提前付汇；若计价货币下浮，进口商应推迟或提前收汇。此外，还可以运用套期交易，套期交易是目前涉外企业广泛使用的可靠的避险形式。它不致引起价格混乱，并可以把国际汇率变动的风险转移到国际金融市场。套期交易运用的金融工具主要有远期合同交易、期货、期权。

三、国际市场进入模式及决策分析

国际市场的进入模式主要是根据企业产品与国际市场的特征而确定，它是指企业的产品、技术、工艺、管理及其他资源进入其他国家（地区）市场的一种规范化的部署。在跨国经营中，企业面临着如何进入国际市场的问题。因为在这一过程中，往往存在着多种外国市场的进入模式供国际化的企业选择。而国际化企业在选择适合自己的进入模式时，需要考虑很多因素。

（一）国际市场进入模式的类型

国际企业要发展，必须考虑将企业的产品等输入其他国家。企业可以根据实际情况选择不同层次和介入水平的国际市场进入模式，包括出口进入方式、合同进入方式、投资进入方式和战略联盟方式。

1. 出口进入方式

出口进入方式是指企业将在本国生产的产品或者服务向国际市场输出的一种方式。出口需要某种市场营销体系来分销产品，但是不需要进口国建立专门的业务部门，出口公司和进口公司通常会签订一些协议。出口具有低度投资风险、低度控制的特点。根据实施过程的不同，出口分为直接出口和间接出口。

（1）直接出口是将产品直接输入国际市场。例如，公司可以直接将产品卖给国外的顾客，通过代理、经销及在国外设立子公司等方式来实现。直接出口的优点在于企业可以按照自身的意图采取出口战略，直接与国外顾客交流，达到产品营销的目的；同时，直接出口有利于企业在进行商品营销的过程中积累国际营销经验，培养国际营销专业人才。但是直接出口需要动用较多的人力等资源去预先了解国际市场的实际需求。

（2）间接出口指的是本身不与国际市场发生直接关系，而是通过国内的中间商，把本企业的产品销售到国外去。中间商一般有国际贸易公司、出口委托商或者出口贸易商。间接出口也同样有自身的优点，通过中间商把产品销售出去可节省资金、人力等资源，成本相对降低。但是由于企业没有直接接触国际市场，导致企业对于国际市场的了解甚少，不能很好地掌握国际市场的动态。因此间接出口通常用在中小型企业，有时也会被一些大企业采用。

出口作为企业向国际市场销售产品最简单的模式，具有很多的优点。首先，产品出口会给企业带来良好的经济收益，降低产品销售的风险。其次，出口可以为企业降低成本，企业向国外市场销售产品避免了企业因在东道国购买建造生产设施而花费的高额成本。再次，出口使企业能够根据灵活多变的市场不断改变自己的经营战略，从而适应变化多端的海外市场环境。最后，企业可以汲取前期出口销售的经验，扬长避短，将成功的经验运用到日后的国外商品销售中，通过增产，进入更多的目标市场。

同时，出口也存在一些缺点。第一，企业容易忽视某类产品在生产国及目标国的成本比较，有时候会丧失一些成本优势。假如生产某一类产品在目标国的成本比在本国的成本更低，那么企业从本国出口这种产品显然不是最优的选择。第二，关税壁垒和贸易壁垒仍是出口的障碍。第三，出口一般只适用于有形商品，而对于无形商品，如服务业等并不可行。

2. 合同进入方式

合同进入方式是国际化的企业与东道国的法人在转让技术、工艺、商标、品牌等方面订立长期合同的合作方式。主要的合同进入方式有以下几种。

（1）许可证经营

许可证经营是指根据许可证协议的规定，许可方将本企业的专利、商标、生产技术等产权在一定时期内的使用权转让给被许可方（外国企业）使用，许可方可从中获取许可费、提成等其他补偿。外国企业在得到许可证经营权后，可以在当地进行产品的生产、销售，从而获取利润。根据转让方授权程度，可以将许可证贸易分为以下五种类型。

①独占许可。独占许可指许可方给予被许可方在规定地区、规定期限内有权制造、使用和销售某项技术产品的独占权或垄断权，而许可方及任何第三者都不得在这个规定地区内制造、使用或销售该技术产品。

②排他许可。排他许可指许可方给予被许可方在规定的地区内制造、使用和销售的权利，但许可方不得将此种权利给予第三者，只自己保有此种权利。

③普通许可。普通许可指许可方给予被许可方在规定的地区内制造、使用和销售的权利，而许可方仍保留自己或转让给第三者在这个地区内制造、使用和销售的权利。

④可转让许可。可转让许可即被许可方有权将其所得到的权利以自己的名义再转让给第三者。

⑤交换许可。交换许可即双方以各自拥有的专利技术或专有技术等价交换使用。

（2）特许经营

特许经营指的是企业允许其他企业使用本企业的商标、商誉、产品、服务、经营方式等，但是要对使用本企业资源的其他企业收取一定的费用。在比较熟悉的国际化企业中，麦当劳、肯德基等企业采用的就是这种进入模式。企业通过这种模式可以在特许期间获得一定数量的固定收入，而且利用进入不同国家的这一契机进行了更大范围的宣传，从而提高了本企业的知名度。

（3）管理合同

管理合同又称经营合同，是指跨国公司通过签订合同，派遣管理人员在东道国的企业担任总经理等职务，负责经营管理方面的日常事务。企业的所有权属于东道国，企业的董事会也由东道国的代表组成。管理合同可分为全面经营管理合同和技术管理合同两种合同。

（4）工程承包方式

工程承包是国际企业特别是发展中国家利用丰富的人力资源进入国际市场的主要方式。工程项目包括水坝、管道、高速公路、地铁、机场、通信系统、电站和工厂联合企业等。工程承包的形式有以下四种。

①设计和监督施工。由国际企业为东道国的建设项目进行设计，并派遣专家对施工质量和工程进度进行监督。在这种方式中，建设工程所需的建筑安装工人由东道国自行雇佣，原材料和设备可由跨国公司代购，也可以由东道国自行设计。

②交钥匙工程。国际承包企业不但负责工程的设计、施工，供应成套设备和配件，进行设备安装。在竣工后还负责试车，保证开工后的产品、产量、质量、原材料消耗等指标达到合同规定的标准，并对东道国的管理人员、操作人员、检验检修人员进行产前培训，达到合格标准才将该项目正式移交。

③半钥匙工程。企业承包的内容不包括对东道主的管理人员和工人培训，其余与交钥匙工程相同。

④产品到手项目。这种承包形式比交钥匙工程更进一步，承包的企业可以根据合同的要求，派遣人员处理开工初期可能发生的问题，一直到各方面的指标都能稳定达到设计的要求，然后才正式办理项目的交接手续。

3. 投资进入方式

（1）全资子公司

全资子公司是企业在子公司中拥有100%的股权。企业要建立一个全资子公司，可以通过两个方式进行：一是在东道国购买或者兼并一个现成的公司；二是在国外市场上建立一个新的公司。

全资子公司主要有以下三个优点：第一，全资子公司可以使企业严格地控制其在他国的生产、经营活动，这有利于企业协调全球战略。第二，企业的技术失去控制的危险性降低，这有利于保护本企业的核心竞争力。企业的技术常常是企业与其他公司进行竞争的核心因素，所以企业的发展必须注意保护好本企业技术，避免生产技术外传，给企业带来不良影响。第三，全资子公司模式有利于企业实现区位经济和经验曲线。要实现这一目标，企业应该对每一家子公司实施控制，而建立全资子公司符合了这一要求。

（2）合资企业

合资企业是两个或者两个以上独立的企业共同出资、共同经营、共负盈亏、共担风险的企业。合资企业是企业与海外企业建立合作伙伴关系的主要方式之一。在合资企业中，企业的出资额是参与出资的企业经过协商后决定的，可以是对半出资，也可以是一方出资较少，一方出资相对较多。企业资金股份平均分配的合资双方各拥有50%的公司股份，并且双方要向合资企业派出技术人员、管理人员，实现合资企业的共同经营。

合资企业作为企业国际化的一种进入模式具有自身的优点：第一，国际化企业通过与东道国企业的合资经营，能够更全面地了解目标市场的信息，了解东道国的经济、文化、政治等情况，减少了因对这些因素不了解而处处碰壁的现象。同时，也为国际企业的产品在目标市场上成功销售提供了帮助。第二，有利于降低国际企业的风险和生产成本。由于合资企业是国际企业与东道国企业共同出资、共担风险的企业，所以合资企业的风险系数和成本相对较低。成本和风险的分担是国际企业与东道国企业合资的一大优势。第三，合资企业是一种被大多数国家所认同的国际经营模式。有些国家由于政治因素的限制而使合资企业成为唯一允许的经营方式。

4. 战略联盟方式

现代企业要进入国际市场，实现企业既定的目标，与其他企业形成战略联盟是一个不错的选择。战略联盟是指企业为了达到战略目标，在与其他企业进行利益共享的前提下形成的相互合作、相互影响、相互制约的松散式网络化联盟，它是现代企业竞争的产物。企业的战略联盟是企业为了长远的未来发展，实现阶段目标而与其他企业结盟，要懂得互相学习、扬长避短。

战略联盟的出现并非偶然，它具有一定的背景。世界经济一体化的出现为跨国企业的发展创造了更多的机会；科学技术的飞速发展要求企业必须不断地进行技术创新，与其他企业进行联盟，形成共同发展的战略伙伴；全球战略目标的实现要求企业在保持原有资源的基础上，共同享有外部的资源；战略联盟能够引导企业获得规模生产并能分担风险。

世界经济市场环境的复杂性要求企业做到以下三点：第一，不断缩短开发时间、降低研究开发成本、分散研究开发风险；第二，防止竞争损失，因为当今市场的竞争压力越来越大，为了减少由企业丧失竞争力造成的损失，企业间宜相互建立联盟关系，共同维护竞争秩序；第三，提高企业的竞争力，生产技术的分散性使一个企业不可能在很长一段时间内掌握一种最新的生产技术，靠单个企业已经很难掌握竞争的主动权，而企业联盟可以通过企业间的合作形成竞争优势，加强竞争实力。

（二）国际市场进入模式的决策

1. 外部因素

在选择国际化模式时，需要对目标国的各种环境进行分析。这些因素是企业无法改变的，因此企业必须进行目标国环境分析。

（1）目标国市场因素。企业规模直接影响企业的国际化进入模式。一般而言，规模较大的企业会倾向于采用投资进入方式，而规模较小的企业为了降低成本、节约更多资金而选择适合自己的其他国际化进入模式。

目标国市场竞争情况影响国际企业选择的国际化进入模式。竞争类型有分散型、垄断型、寡头垄断型。一般来说，分散型的竞争格局促使企业更倾向于采用出口或者许可证经营模式。垄断型可选择投资进入方式。如果预测向目标国出口或投资的竞争太激烈，企业也可采用许可证贸易或其他合同方式进入。

（2）目标国生产要素。生产成本的高低是企业国际化进入方式选择的直接影响因素之一。如国内的生产成本比目标国同一行业的生产成本低时，企业可以选择多种进入模式；倘若国内生产成本高于目标国的生产成本，企业会选择在当地进行生产的进入模式。

（3）目标国的环境要素。目标国政府对于出口和对外投资方面的政策。政府的政策是一种硬性规定，当政府对出口采取较为优惠政策或者政府大力鼓励出口时，企业会倾向于出口模式。但是如果政府对出口关税和出口限定较为严格，企业则会转向其他类型的进入模式。

2. 内部因素

国际化企业选择国际市场进入方式时，除考虑外部因素外，还需要综合考虑企业自身的内部因素。内部因素包括产品因素和资源投入度因素。

（1）产品因素

独特性强的产品能承受高运输成本、高关税且在目标市场具有竞争力，此类具有较高优势的产品通常选择出口方式进入。低差异性的产品依靠低价格作为竞争手段，也许只能在当地进行生产，如果产品涉及一系列售前、售后服务，对于与目标市场距离遥远的企业来说在当地生产就很困难。从事服务的公司，如工程、广告、计算机、管理咨询、建筑工程等倾向于采取分支机构或子公司出口或本地化生产模式。技术密集型企业使用许可证经营模式进入目标国市场。对适应性差的产品只能选择出口进入方式；而对在国外市场上适应性好的产品，可选择使企业与国外市场最为接近的进入方式，如许可证贸易、分支机构或当地投资生产。

（2）资源投入度因素

一家企业在管理、技术、生产能力、营销能力等方面拥有的资源越丰富，可选择的进入模式也越多。更为重要的是，投入度对国际化模式的选择将产生极大的影响。高投入的企业更多地选择投资进入的模式，而低投入的企业倾向于采用非投资的进入模式。

此外，目标国市场的吸引力使国际化企业产生进入的愿望，高投入愿望意味着企业在进入目标国时，在模式上比低愿望企业有更为广泛的考虑余地。前者更倾向于采用投资进入模式。在国际市场上的成功会促使企业产生更高的国际化投入程度，而企业早期在国际市场中的失败经历会降低其国际化的投入。

第四章 企业管理部门战略分析

第一节 生产运作与市场营销战略

一、生产运作战略

（一）生产运作的总体战略

生产运作的总体战略通常有五种。

1. 自制或购买

这是首先要决定的问题。如果决定制造某种产品或由本企业提供某种服务，则需要建造相应的设施，采购所需要的设备，配备相应的工人、技术人员和管理人员。自制或购买决策有不同的层次。如果在产品层面进行决策，则影响到企业的性质。产品自制，则需要建一个制造厂；产品外购，则需要设立一个经销公司。如果只在产品装配阶段自制，则只需要建造一个总装配厂，然后寻找零部件供应厂家。由于社会分工可以大大提高效率，加上当前外界环境变化的加剧，顾客需求的日益个性化以及竞争的白热化，企业只有集中特定的资源从事某项业务，将不擅长的业务外包，才能形成竞争优势，在进行自制或购买决策时，能够购买的零部件就不要自制。对实行专业化战略的企业是这样，对实行多元化战略的企业也是这样。多元化并不等于"大而全"，提供多种产品和服务也并不需要每项业务都由本企业来做。

2. 低成本和大批量

早期福特汽车公司就是采用这种战略。在零售业，沃尔玛也是采取这种战略。采用这种战略需要选择标准化的产品或服务，即具有共性的产品或服务，而不是顾客个性化的产品和服务。这种战略往往需要高的投资来购买专用高效设备，如同福特汽车公司当年建造 T 型车生产线一样。需要注意的是，这种战略应该用于需求量很大的产品或服务。只要市场需求量大，采用低成本和大批量的战略就可以战胜竞争对手而取得成功，尤其在居民消费水平不高的国家或地区。

3. 多品种和小批量

对于顾客个性化的产品和服务，只能采取多品种和小批量生产运作战略。当今世界消费多样化、个性化，企业只有采用这种战略才能有出路。但是多品种小批量生产的效率难以提高，对大众化的产品不应该采取这种战略。否则，遇到采用低成本和大批量战略的企业，就没有竞争优势。

4. 高质量

质量问题日益重要。无论是采取低成本大批量战略还是多品种小批量战略，都必须保证质量。在当今世界，价廉质劣的产品是没有销路的。

5. 混合战略

将上述几种战略综合运用，实现多品种、低成本、高质量，可以取得竞争优势。现在人们提出的"大量订制生产"或称"顾客化大量生产"，既可以满足用户多种多样的需求，又具有大量生产的高效率，是一种新的生产方式。

（二）产品或服务的选择、开发与设计

企业进行生产运作，先要确定向市场提供的产品和服务，这就是产品或服务的选择或决策问题。产品或服务确定之后，就要对产品或服务进行设计，确定其功能、型号、规格和结构；接着，要对制造产品或提供服务的工艺进行选择，对工艺过程进行设计。

1. 产品或服务的选择

提供何种产品或服务，最初来自各种设想。在对各种设想进行论证的基础上，确定本企业要提供的产品或服务，这是一个十分重要而又困难的决策。产品或服务的选择往往决定着一个企业的兴衰成败。一种好的产品或服务可以使小企业发展成国际著名的大公司；相反，一种不合市场需要的产品或服务也可以使大企业亏损甚至倒闭。这已为无数事实所证明。产品决策可能在工厂建成之前进行，也可能在工厂建成之后进行。要开办一个企业，首先要确定生产什么产品。在企业投产之后，也要根据市场需求的变化，确定开发什么样的新产品。

产品（包括服务）本质上是一种需求满足物，产品是通过它的功能来满足用户某种需求的。而一定的功能是通过一定的产品结构来实现的。满足用户需求，

可能有不同的功能组合。不同的功能组合，由不同的产品来实现。因此，可能有多种产品满足用户大体相同的需求，这就提出了产品选择问题。比如，同是为了进行信息处理，是生产普通台式电脑还是生产笔记本电脑？同是为了满足运输需要，是生产轻型车还是生产重型车？必须做出选择。

产品选择需要考虑以下因素。

（1）市场需求的不确定性。人的基本需求无非是食、衣、住、行、保健、学习和娱乐等方面，可以说变化不大。但满足需求的程度上的差别却是巨大的。简陋的茅屋可以居住，配有现代化设备的高档住宅也可供人居住。显然，这两者对居住需求的满足程度的差别是很大的。人们对需求满足程度的追求又是无止境的，因而对产品功能的追求也无止境。随着科学技术进步速度的加快，竞争的激化，人们"喜新厌旧"的程度也日益加强，这就造成市场需求不确定性增加。由于一夜之间某企业推出全新的产品，使得原来畅销的产品一落千丈。实际情况是，很多企业不注意走创新之路。结果，或者由于市场容量有限，或者由于质量低劣，造成产品大量积压，企业因此而亏损。因此，企业在选择产品时，要考虑不确定性，要考虑今后几年内产品是否有销路。

（2）外部需求与内部能力之间的关系。在外部需求与内部能力之间的关系上，首先要看外部需求。市场不需要的产品，企业有再强的技术能力和生产能力，也不应该生产。同时，也要看到，对于市场上需求量大的产品，若与企业生产的产品在结构和工艺上差别较大，企业也不应该生产。企业在进行产品决策时，要考虑自己特定的技术能力和生产能力。一般来讲，在有足够需求的前提下，确定生产一个新产品取决于两个因素。一是企业的主要任务，与企业的主要任务差别大的产品，不应生产。汽车制造厂的主要任务是生产汽车，绝不能因为彩色电视机走俏就去生产彩色电视机。因为汽车制造厂的人员、设备、技术都是为生产汽车配备的，要生产彩色电视机，等于放弃现有的资源不用，能力上完全没有优势可言，是无法与专业生产厂家竞争的。当然，主要任务也会随环境变化而改变。如果石油枯竭，现在生产的燃油汽车都将被淘汰，汽车制造厂可能就要生产电动汽车或者太阳能汽车。二是企业的优势与特长。与同类企业比较，本企业的特长决定了生产什么样的产品。如果选择没有优势的产品，是不明智的。

在选择合适的生产能力或服务能力时，应该考虑规模经济因素、学习曲线的作用、各阶段能力平衡以及提高设施的柔性。

当企业的生产规模扩大后，单位产品的成本会下降。因为一台设备的生产能力若是另一台设备的 2 倍，它的购置成本和使用成本显然不会是另一台设备的 2 倍。企业规模过小会使一些资源（如物料搬运设备、计算机设备和管理人员）得不到充分利用。当然，企业规模也不是越大越好。若市场需求有限，必须对产品折价出售，以刺激需求，维持大型机器设备充分运转。此外，大型设备的维护费用一般都很高。

学习曲线是描述生产者"熟能生巧"的过程和效果的，它有三条假设：每次完成同一性质的任务后，下一次完成该性质任务的时间将减少；单位产品的生产时间将以递减的速率下降；单位产品生产时间的减少将遵循一个可预测的模式。航空工业的实践最先证明了学习曲线的正确性。当产量为原来的 2 倍时，工人生产单位产品的时间下降 20%。

当产品和产量发生变化时，各生产阶段能力会出现不平衡，会出现瓶颈。扩大生产能力时首先要找出瓶颈，将有限的资源用到瓶颈上，就能做到"事半功倍"。

提高生产运作系统和人的柔性，将使企业很快地适应市场的变化，而不需要经常扩充能力。

（3）原材料、外购件的供应。一个企业选择了某种产品，要制造该产品必然涉及原材料和外购件的供应。若没有合适的供应商，或供应商的生产能力或技术能力不足，这种产品也不能选择。

（4）企业内部各部门工作目标上的差别。通常，企业内部划分为多个职能部门，各个职能部门由于工作目标不同，在产品选择上会发生分歧。如果不能解决这些分歧，产品决策也难以进行。生产部门追求高效率、低成本、高质量和生产的均衡性，希望品种数少一些，产品的相似程度高一些，即使有变化，也要使改动起来不费事。销售部门追求市场占有率、对市场需求的响应速度并按用户要求提供产品，希望扩大产品系列，不断改进老产品和开发新产品。财务部门追求最大的利润，要求加快资金流动，减少不能直接产生利润的费用，减少企业的风险。一般说来，希望只销售立即能得到利润的产品，销售利润大的产品，不制造不赚钱的产品。职能部门工作目标上的差异，往往造成产品决策的困难。销售部门要求创新、发展，愿冒风险，要求保持广而全的多种产品的生产线；财务部门往往守住目前成功的产品，以扩大销售；生产部门由于追求低成本和简化的管理而要求尽可能生产少的品种。这些部门矛盾的解决，只有通过最高管理层协调。

2. 产品或服务的开发与设计

在产品或服务的开发与设计方面，有四种战略。

（1）做跟随者还是领导者

企业在设计产品或服务时是做新技术的领导者还是做跟随者，是两种不同的战略。做领导者就需要不断创新，需要在研究与开发方面进行大量投入，因而风险大。但做领导者可以使企业领导新潮流，拥有独到的技术，在竞争中始终处于领先地位。英特尔公司就是采用做领导者的战略。做跟随者只需要仿制别人的新产品，花费少，风险小，但得到的不一定是先进的技术。如果跟随者善于将别人的技术和产品拿过来进行改进，则有可能后来居上。这里还有一个是采用最先进的技术还是采用适用技术的问题。最先进的技术一旦拥有，优势在手。但采用先进技术的费用高、风险大。适用技术不一定是最先进的技术，但它是符合企业当前发展的、经过适用检验的技术。采用适用技术花费少，风险也小。

（2）自己设计还是请外单位设计

同自制或购买决策一样，对产品的开发与设计也可以自己做或请外单位做。一般地，涉及独到技术必须自己做。

（3）做基础研究还是应用研究

基础研究是对某个领域或某种现象进行研究，但不能保证新的知识一定可以得到应用。基础研究成果转化为产品的时间较长，而且能否转化为产品的风险很大。但是，一旦基础研究的成果可以得到应用，对企业的发展将起很大的推动作用。

二、市场营销战略

（一）市场营销战略的内涵

市场营销战略是企业市场营销部门根据战略规划，在综合考虑外部市场机会及内部资源状况等因素的基础上，确定目标市场，选择相应的市场营销策略组合，并予以有效实施和控制的过程。

市场营销总战略包括：产品策略、价格策略、营销渠道策略、促销策略等。市场营销战略计划的制订是一个相互作用的过程，是一个创造和反复的过程。

市场营销战略的特征如下。

1.市场营销的第一目的是创造顾客，获取和维持顾客。

2.要从长远的观点来考虑如何有效地战胜竞争对手，使其立于不败之地。

3.注重市场调研，收集并分析大量的信息，只有这样才能在环境和市场的变化有很大不确定性的情况下做出正确的决策。

4. 积极推行革新，其程度与效果成正比。

5. 在变化中进行决策，要求其决策者有很强的能力，要有像企业家一样的洞察力、识别力和决断力。

（二）市场营销战略的步骤

企业营销管理过程是市场营销管理的内容和程序的体现，是指企业为达成自身的目标辨别、分析、选择和发掘市场营销机会，规划、执行和控制企业营销活动的全过程。

企业市场营销管理过程包含下列四个相互紧密联系的步骤：分析市场机会，选择目标市场，确定市场营销策略，市场营销活动管理。

1. 分析市场机会

在竞争激烈的买方市场，有利可图的营销机会并不多。企业必须对市场结构、消费者、竞争者行为进行调查研究，识别、评价和选择市场机会。

企业应该善于通过发现消费者现实的和潜在的需求，寻找各种"环境机会"，即市场机会。而且应当通过对各种"环境机会"的评估，确定本企业最适当的"企业机会"。

对企业市场机会的分析、评估，首先是通过有关营销部门对市场结构的分析、消费者行为的认识和对市场营销环境的研究展开，还需要对企业自身能力、市场竞争地位、企业优势与弱点等进行全面、客观的评价展开，还要检查市场机会与企业的宗旨、目标与任务的一致性。

2. 选择目标市场

对市场机会进行评估后，对企业要进入的哪个市场或者某个市场的哪个部分，要研究和选择企业目标市场。目标市场的选择是企业营销战略性的策略，是市场营销研究的重要内容。企业首先应该对进入的市场进行细分，分析每个细分市场的特点、需求趋势和竞争状况，并根据本公司优势，选择自己的目标市场。

3. 确定市场营销策略

企业营销管理过程中，制定企业营销策略是关键环节。企业营销策略的制定体现在市场营销组合的设计上。为了满足目标市场的需要，企业对自身可以控制的各种营销要素如质量、包装、价格、广告、销售渠道等进行优化组合。重点应该考虑产品策略、价格策略、渠道策略和促销策略，即"4Ps"营销组合。

随着市场营销学研究的不断深入，市场营销组合的内容也在发生着变化，从"4Ps"发展为"6Ps"。近年又有人提出了"4Cs"为主要内容的市场营销组合。

一个市场营销的总体战略包括制定产品的产品策略、价格策略、分销策略等。但是市场营销战略不是将这些不同领域中各个独立制定的决策累加在一起；正相反，总体战略必须先于并指导具体的产品、价格、分销等策略的制定，这其实需要的是一个逆向的制定过程。如同对一个军事参谋部来说，构思一个整体战略必须先于制订针对步兵、炮兵、装甲兵、空军等个别计划。

4. 市场营销活动管理

企业营销管理的最后一个程序是对市场营销活动的管理，营销管理离不开营销管理系统的支持。需要以下三个管理系统支持。

（1）市场营销计划。既要制订较长期战略规划，决定企业的发展方向和目标，又要有具体的市场营销计划，具体实施战略计划目标。

（2）市场营销组织。营销计划需要有一个强有力的营销组织来执行。根据计划目标，需要组建一个高效的营销组织，需要对组织人员实施筛选、培训、激励和评估等一系列管理活动。

（3）市场营销控制。在营销计划实施过程中，需要控制系统来保证市场营销目标的实施。营销控制主要有企业年度计划控制、企业盈利控制、营销战略控制等。

营销管理的三个系统是相互联系、相互制约的。市场营销计划是营销组织活动的指导，营销组织负责实施营销计划，计划实施需要控制，保证计划得以实现。

第二节　财务战略管理

一、企业财务战略的内涵与目标

（一）企业财务战略的含义

企业财务战略是财务管理和企业战略管理的一个结合体，具有财务管理和战略管理的共同属性。科学定义财务战略的内涵，应该一方面体现它的战略属性，另一方面则要体现它的财务属性。在战略方面，企业的资金运动应从属于企业的整体战略之下，为企业的整体战略服务。在财务方面，企业应妥善安排资金的去处，进行资金的保值增值。所以，企业财务战略管理就是妥善安排企业现有资金运动，一方面为企业的宏观战略服务，另一方面要做到企业资金的保值增值。

不论是为企业的宏观战略服务还是实现企业资金的保值增值，企业财务管理就要安排好企业现金流动，实现现金的均衡、有效流动。现金均衡流动是指现金流入与现金流出之间实现的恰当匹配。也就是企业的现金需求能够及时满足，企业的现金余额能够创造最大限度的价值。如果企业的现金不能均衡流动，那么企业就有可能面临资金链断裂或者闲置资金不能创造最大价值的情况。然而这并非易事。对于一个企业来说，其现金流动往往要受到多个因素的影响。有些因素是常规性的，而有些因素则是突发性的。企业必须在常规因素影响之外保持适当的现金流，以增强企业对于突发环境的适应能力。也就是说，企业要保持一定的现金盈余。

总之，企业财务战略可以定义为在企业的总体战略之下，分析内外部环境对企业价值创造活动的影响，谋求企业现金的均衡流动，并最终实现企业现金流转和资本运作的全局性、长期性和创造性筹划。

（二）财务战略的特征

1.支持性

财务战略是企业整体战略的一个组成部分，对于企业战略来说，则构成了企业战略的执行与保障体系。企业战略是全局性的战略，它以对竞争对手的分析为出发点，以谋求企业竞争优势为目标，凭借企业所拥有的技术优势、产品差别优势、成本优势等实现上述目标。因此，企业战略指导着财务战略以及其他职能战略的制定。企业的财务战略通过合理安排企业的资本结构以及现金流动，提高企业资金的使用效率，建立健全企业风险的危机预警系统，为企业的整体战略目标实现提供良好的财务保障基础。

2.相对独立性

企业战略是多元化的，包含着多个方面的安排。也就是说，企业战略不仅包含企业整体意义的战略，而且也包含着执行层次的战略。财务方面就是企业执行过程中的一个战略。从企业战略的角度看，财务战略的相对独立性基于两个事实，一个是市场经济环境下财务管理不再是企业生产经营过程中的附属职能，而是有自身特定的内容，主要包括企业的投融资和股利分配。企业的财务战略与其他职能战略之间既相对独立又密切联系。财务战略管理的资金投放与使用和企业的其他方面战略是不可分割的。企业的销售为财务管理带来一定的资金来源，生产则消耗了企业的资金，即使是企业所有者权益也不能单纯划分为财务问题、总需要和企业内部融资。二是财务战略与其他职能战略间既相对独立又密切联系的关系特征。由于资金的筹集取决于企业发展和生产经营的需要，资金的投放和使用更是与企业再生产过程不可分割，即便是股利分派，也决不是单一、纯粹的财务问题，而是在一定程度上取决于企业内部的需要。所以，企业财务活动的实际过程总是与企业活动的其它方面相互联系的，财务战略与企业战略其它方面的关系亦然。

3. 动态性

由于企业所处的环境不断发展变化，因此企业的财务战略必须保持动态的调整。一般来说，企业战略需要立足于长期规划，具有一定的超前性。但是，战略是在企业所处环境的基础上产生的，而环境的变动是不可预期的。在政府出台某一项政策之前，也只有少数人有内部消息。这些重大的环境变化对于企业来说影响无疑是空前的。一旦出现这类变动，企业财务战略必须迅速做出调整，适应新的环境发展需要。

4. 综合性

所谓综合性是指企业财务战略必须反映企业现状以及未来发展的全貌，对企业的供、产、销等方面的资金需求，以及资金来源有全面的预期。只有在这个基础上，企业财务战略才能综合把握企业的需求，对企业宏观战略实现全面支持。企业财务战略的综合性是由企业财务管理中的资金运动综合性所决定的。

5. 全员性

尽管企业财务战略的制定和实施的主体是财务职能部门，但是这并不意味着企业的其他管理者在财务战略制定过程中没有起到作用。由于企业财务战略是涉及企业多方面的综合性管理活动，企业的其他部门必须参与其中，以确定企业财务活动对本部门的支持。因此，在企业管理过程中，无论是高层管理者和财务部门，还是其他事业部，都要参与到财务战略的制定中。

二、企业财务战略的资本结构管理

（一）资本结构管理的理论基础

资本结构是企业各种资本的价值构成及其比例。资本结构有广义和狭义之分。

广义上的资本结构是企业全部资本价值的构成以及比例关系。狭义上的资本结构主要指企业的中长期资本构成及其比例关系，尤指企业的长期权益资本与债务资本之间的构成关系。

资本结构理论是现代财务管理理论的重要组成部分，经过了将近一百年的发展。资本结构理论主要可以划分为三个阶段，分别是旧资本结构理论、新资本结构理论和后资本结构理论。所谓旧资本结构理论是指传统理论和 MM 理论。新资本结构理论是指权衡学派和不对称信息学派提出的负债税收和破产成本的权衡理论，以及基于信息不对称的信号传递理论。后资本结构理论是现代资本结构理论中最为活跃的研究领域，主要是关于企业治理理论、产业组织理论和风险管理理论，从控制权、市场集中度、规模经济、进出壁垒、风险转移和套期保值等方面分析了资本结构。

（二）资本结构构成的基本要素

企业的资本结构会对不同企业的性质产生不同方面的影响。从总体上看，这些影响主要表现在成本、风险、弹性三个方面。同时，这三个方面也是资本结构是否优化的衡量要素。

1. 成本

成本是考虑资本结构的首要因素。在成本方面，资本结构优化就是要用最低的成本筹划更多的资金。从经济学的角度看，资本成本可以划分为两个方面，分别是显性成本和隐性成本。所谓显性成本是指企业运用外部资本所应付出的平均利息或者股息。所谓隐性成本是指企业运用内部资本所应付出的平均利润。隐性成本也可以称为机会成本。从企业价值最大化的角度考虑，在风险不变的情况下，提高低成本负债所占的比例能降低平均资本成本，从而提升自有资本的收益率。负债比率的增加同时会增加企业的经营风险。一旦利润率不足以补偿风险增加所需的成本时，企业自有资本收益率将会下降。

2. 风险

资本成本大小与风险有关。因此，企业的资本结构不同，企业要承受的经营风险和财务风险压力也不相同。企业建立资本结构所追求的目标应是在取得既定资本成本下，尽可能获得风险最小的资本结构。一般来说，债务融资的风险要大于权益融资。而在负债融资方面，长期负债风险要低于流动负债风险。企业可以利用多种策略偿还债务。

3. 弹性

所谓弹性是指资本结构内部各个项目之间应是可以调整和转换的。企业资本结构一般来说要相对稳定，以适应瞬息万变的资本市场环境。企业构建合理的资本结构应当考虑弹性要素。

在金融市场形成的融资，例如可转换债券弹性就相对较大。企业可以到期偿还，也可以与投资者商议转换为本企业股票。企业总是希望能够在既定的资本成本与风险下，尽可能地获得弹性最大的资本结构。通常风险小、弹性大的资本结构，资本成本较高；反之则相反。虽然企业无法改变每一种融资的结构，但是通过合理的方式，可以使各种融资进行优化组合，从而使资本结构在整体上实现三种要素的合理化。

从以上的论述中可以看出，企业要优化资本结构，要尽量选择成本小、风险小、弹性较大的融资。企业要在尽可能的情况下实现资本成本的最优化，为股东带来最大价值和最低风险。但是这并不是一件易事。企业要实现这一点必须选择最好的筹资时机，并制定相应战略有效地使用筹措来的资金。另外，企业还要优化筹资组织结构，根据企业的特点合理确定各类融资之间的比例关系。

（三）目标资本结构的现实决策

从理论上看，企业的目标资本结构是指达到股东价值最大化的负债价值和权益价值之间的比例。然而，在实践中，企业的最终目标结构受到多方面因素的影响。因此，对于一个企业来说，所要追求的不是理论上的目标资本结构，而是能够在实践中使企业持续不断为股东创造令人满意价值的目标资本结构。

1. 影响企业资本结构的实际因素

在企业财务管理的实践中，影响企业资本结构的因素主要有企业资本的使用期限与资产期限的匹配、目标资产负债率、盈利能力和现金流量水平、资本成本、贷款人或其他债权人的放贷或提供资金的决策方式等几个因素。

（1）企业资本使用期限与资产期限的匹配

从会计的角度看，企业的总资产可以划分为流动资产和长期资产。一般来说，长期资产需要长期资本来支撑，例如权益性融资、长期银行借款或者公司债券融资。流动资产中的存货可以通过商业信用采用赊购的方式解决。其他短期资产需求可以通过短期银行贷款解决。在一些跨国公司中，比较推崇的"零营运资本"的管理理念就是资产期限与资金来源期限匹配的具体应用。

（2）目标资产负债率

资产负债率是企业偿债能力评价的一个基本指标。行业内的标准值通常会被视作评价的基本指标之一。一些企业在进行财务战略管理的时候通常会将行业内的一些重要参考值视为发展中最为重要的一些因素。

（3）资本成本

在理想状态下，企业总是追求比较低的加权平均资本成本。同样金额的融资方案中，企业通常偏向于负债融资方案。然而，在实践中，企业的负债要受到多个因素的制约，例如行业的资产负债水平、企业的盈利能力和产生经营活动现金流量的水平、贷款人的态度等。

（4）贷款人的放贷决策方式

贷款人的放贷决策方式对于企业的影响主要体现在以下两个方面。

第一，银行贷款人的企业信用评价办法和对企业财务报表的分析方法，会对企业申请贷款能否通过产生影响。因此，对于企业来说，会尽量通过经营和管理的办法将其所送财务报表的相关指标符合银行的要求。在资产负债率水平上，每一个行业都有不同的判断标准，对于制造业来说，企业应将资产负债率维持在60%以下的水平，才能得到相对较高的评价。

第二，公司债的发行通常是要通过投资银行和证券监管部门的审核。一般来说，其评价标准同银行贷款人类似。作为企业来讲，发行公司债仍然要在经营管理上下功夫，报送的财务报表要符合投资银行和证券监管部门的要求。

2. 现实中资本结构决策的方法

（1）比较法

由于现实因素的制约，企业在融资的时候往往不会选择单一的模式。在进行融资决策的时候，企业需要根据实际情况计算所需的平均成本。在对各种筹集方案进行比较时，需要选择平均成本最低的方案。

比较法是指企业在进行筹资的时候，首先拟订多个备选方案，分别计算各个方案的加权成本，通过比较确定最佳资本结构。使用比较法，需要企业首先选择多个筹资方案，进行合理分析与比较，选择平均成本最低的方案。运用这个方法需要考虑两个前提条件，分别是能够通过举债进行筹资和具备偿还能力。

企业资本结构决策根据时间轴来算可以划分为两个方面，分别是初始资本结构决策和追加资本结构决策。在初始资本决策的状态下，企业综合资本成本率的高低取决于各种筹资方式的筹资额以及拟定筹资比重的大小。对于追加资本结构来说，其成本核算可以通过直接测算的方式追加边际资本成本，选择最佳方案，也可以通过备选筹资方案和最佳资本方案汇总，测算多项筹资条件下的加权平均资本成本，确定最佳方案。

（2）EBIT-EPS 分析法

EBIT-EPS 分析法也就是息税前利润－每股收益分析法。这种方法是将企业的盈利能力与负债对股东财富的影响结合起来考虑，以分析资本结构和每股收益之间的关系，进而确定资本结构的方法。在 EBIT-EPS 分析法中，企业负债的偿还能力是基于企业的盈利能力之上的。负债筹资是通过其杠杆作用增加财富，确定资本结构时要考虑它对股东财富的影响。

EBIT-EPS 分析方法是一种定量分析方法。在这个方法中，假定每股收益最大，企业的股票价格最高。然而，在实践中，企业的负债增加，投资风险也会加大，企业的价值和股票价格也会受到负面影响。所以单纯用 EBIT-EPS 分析法也会产生错误决策。在资本市场不完善的时候，投资人根据每股收益的多少来做出投资决策，每股收益增加的确有利于股票价格的上升。

（3）EBIT-ROE 分析法

EBIT-ROE 分析法是息税前利润－股东权益报酬率分析法。与 EBIT-EPS 分析法不同的是，这个方法将债务融资和权益融资所对应的每股收益转变成两种融资方案下股东权益报酬率的比较，隐含了将股东权益报酬率的高低作为股东价值高低的替代指标。

（4）其他综合分析方法

综合评价方法是运用多指标对多个参评目标进行评价，基本思路就是将多个指标转化为一个能够反映综合情况的指标来进行评价。如不同国家经济实力、不同地区社会发展水平、企业经济效益评价等都可以应用这种方法。

三、企业财务管理危机预警与化解

（一）企业财务预警理论

预警对于任何一个组织来说都是存在的。预警有利于组织采取正确的决策，以应对可能发生的变化。对于企业财务战略管理来说，预警也是必要的。预警可以帮助财务战略管理者采取正确的决策，随时对企业财务管理战略进行必要的调整，以应对企业可能存在的经营风险和财务风险。企业财务危机预警的理论包括危机管理理论、策略震撼管理理论、企业逆境管理理论和企业诊断理论四方面。

1. 企业危机管理理论

财务危机管理理论是企业为了有效预防和应付各种危机事件，保障企业能够正常应对各种经营活动。企业要通过计划与控制的手段对危害企业经营的实践活动进行管理。从西方国家的企业危机管理经验中可以看出，危机管理大致经历了两个阶段，分别是20世纪70年代至80年代的萌芽阶段和20世纪80年代以来的成熟发展阶段。萌芽阶段，企业经营已经开始注意到企业安全经营的问题，注意到企业的经营风险和财务风险，但是没有形成一套有效的管理办法。在成熟阶段，学者们注意到企业的反应，开始针对企业的管理活动建立一套危机管理理论体系，企业危机管理开始走向成熟发展阶段。

2. 策略震撼管理理论

策略震撼管理理论是策略性管理理论的延伸，是为了应付不可预期的影响而产生的。所谓震撼通常就是指负面事件的不可预期影响，主要有三个方面的特点：一是不可预期性；二是新生性；三是负面性。针对震撼的特点，企业必须建立一套有效的应对系统，以降低负面事件的影响。这一套系统需要有以下三方面的特点：第一，当一项震撼产生时，有紧急沟通网络可以立即产生作用；第二，对于紧急事件，高层管理者要立即采取措施，一方面稳定企业人心，另一方面紧急采取措施使震撼的影响降到最低；第三，为了处理各种震撼，企业策略小组必须能够灵活应对外界的变化。

3. 企业逆境管理理论

企业逆境主要是指由于环境变化而产生的企业内部管理问题。一般来说，企业处于逆境的原因主要是源于三个方面，分别是：①企业经营遭受严重的、连续的挫折与损失；②企业经营呈现出明显的亏损趋势；③企业存在严重的资不抵债。这种情况呈现出相互联系的因果关系，任意一种情况的出现，短期都不会迅速呈现扭转，这就说明企业已经陷入逆境之中。逆境管理理论是由我国企业提出的，主要是针对企业经营的状况进行管理，其研究对象是处于逆境中的企业，研究目的是帮助企业防止出现逆境和摆脱逆境。

4. 企业诊断理论

企业诊断是企业管理中的一种参谋和顾问性质的管理活动，是智力专业化的工作。企业诊断理论源自管理咨询活动，主要围绕企业的管理制度、财务报表、经营现状等方面展开。

总之，上述这些理论是企业财务危机预警理论的一部分。财务危机预警是整个企业预警系统的一个重要组成部分，是在企业管理的基础上设定一些必要的数值观察其状态，预测企业的经营风险和财务风险。这些数值的设置通常和企业所处的行业和企业本身的特性相关。

（二）财务危机预警系统的处理和作用

1. 财务危机预警系统的处理

企业财务预警管理思想认为，企业的成功与失败可以划分为两对矛盾，分别是企业内部与外部环境的矛盾和企业内部管理与企业经营绩效的矛盾。企业财务危机预警管理的范畴不仅包括企业管理成绩，还包括企业的管理危险。具体地说，这些范畴主要是包括企业环境、企业目标、管理行为、管理周期、管理实务、企业危机、管理波动和管理预警八个方面。这几个范畴存在三对基本矛盾关系，主要是企业目标 VS 企业逆境、管理周期 VS 管理波动、管理行为 VS 管理失误，以及两个基本过程，分别是顺境轨迹，即管理行为—管理周期—企业目标，逆境轨迹，即管理失误—管理波动—企业逆境。三对矛盾和两种过程彼此交叉地作用于企业，形成企业经营活动的安全过程、成功过程和失败过程。所谓安全过程就是企业经营中不断采取措施避免企业失败或者失误的过程。安全过程包括了企业的监测、诊断、预防与矫正的管理预警机制。成功过程是企业成功运作实现企业发展的过程。失败过程是企业因为错误管理而导致企业破产的过程。企业危机管理就是通过安全运营管理争取成功避免失败的一个过程。

2. 财务危机预警系统的作用

对于企业的运营来说，企业财务危机预警系统是一种成本低廉的诊断工具，灵敏度越高，发现问题的时间就越早，就越能有效地防范与解决问题。所以，对于企业管理者来说，行之有效的财务危机预警系统发挥着一个重要的提示性作用，能够将企业的经营风险和财务风险降低在可控范围之内，防止企业的风险进一步扩大。

（三）建立企业财务危机预警系统应做好的几项工作

1. 加强企业信息管理

财务危机预警系统的运作是以大量信息为基础的，要求企业有强有力的信息管理机构提供必要的基础。企业要建立信息管理的组织机构，聘请专业的人员，明确这些人员在信息收集与处理过程中的职责，以加强信息处理的能力。

2. 协调企业内部各个子系统之间的关系

企业是一个有机整体。财务危机预警系统只是其中的一个组成部分。总体上看，财务危机预警系统要和其他系统之间保持和谐的运作关系，实现系统之间的信息共享。一旦某个系统出现问题，财务危机预警系统能够立刻得到相关的反馈。

3. 完善企业内部控制制度

财务危机预警系统实际上向企业提出了较高的内部控制要求。企业良好的内部控制制度应实现法人治理结构的完善，积极构建一个权责明确、信息记录真实、各方关联密切的企业管理活动。

（四）财务危机的处理

1. 财务危机的沟通

财务危机的本质是财务关系危机。进行财务沟通是处理财务危机的第一步。财务沟通能够帮助企业尽快化解风险，为企业争取机会。财务沟通主要通过媒体发布与对话、谈判协商、组织协调等具体方式，疏离、调节或化解以解决财务关系，是进行财务危机转化的首要目的。财务沟通主要包括三个方面，分别是企业内部沟通、利益相关者沟通、与媒体沟通。

企业内部沟通主要是确立不同小组成员之间的沟通。企业内部的沟通主要是通过开协调会的方式实现，也可以通过编制财务危机处理手册的形式，实现立场和思想的统一，充分调动企业内部的各种资源，同舟共济，共同化解财务危机。

同企业利益相关者之间的沟通是企业负责的表现。因为企业各个利益相关者在危机发生时都对企业非常关注。通过沟通，企业能够获得他们的谅解，同时也可以获取一些企业外部资源，帮助企业打破危机的僵局。同企业利益相关者之间的沟通前提是要获得他们的谅解，争取他们的支持，避免墙倒众人推的局面。针对利益相关者，企业应根据每种财务关系的紧张程度和特点采取多边的、双边的谈判协商，进行富有诚意的沟通，以获得各个方面的支持，为企业应对危机争取时间。

同媒体的沟通主要是避免因为企业的财务危机产生新一轮的公共关系危机。一旦出现这种情况，企业的财务危机就有可能雪上加霜，使得前一轮的沟通努力都白费。应对媒体，企业应采取主动积极的态度，通过媒体的正面报道为企业财务危机的解决铺好路。

在沟通之时，企业应采取的态度是积极主动，真诚地回应外界的质疑，积极向外界发出自己的声音，提出自己的解决方案。沟通之时，要向有关方面示之以诚，用诚恳的态度打动各个方面的有关人士。

2.企业财务重整

在沟通之后，企业必须提出财务危机的一个有效解决方案。这个方案要使得相关方面都能够满意。一般来说，最佳方案就是再融资，获得新的资金来源。然而，在企业财务危机的状态下，再融资的难度非常大，企业很难获得融资。因此，企业往往需要进行财务重整。

财务重整的方案可以分为两类，分别是非正式财务重整和正式财务重整。非正式财务重整往往是在企业面临暂时的财务难关时采取的。这种财务重整不需要经过政府机关，因此可以避免巨额的法律费用和冗长的诉讼时间。非正式财务重整主要有三种方式，分别是债务展期、债务和解和改组。采取何种方式，通常要和债权人商议以后进行。如债权人认为企业尚有发展前途，假以时日则可以从不利的状态中走出，往往会同意延长债务的偿还期限。如果债权人不同意，企业则要和债权人进入下一个阶段，是否先支付债权人一部分债务，进行债务和解。如果个别债权人仍旧不同意，企业必须移交法院进行清算。一般来说，债权人同意债务展期或者和解，说明债权人和企业之间的关系还可以继续维系，而且债权人也相信企业能够走出危机。然而，在债务展期以后的这段时间里，企业还有可能面临更多的问题。债权人通常要参与到企业的管理之中，保障自己的利益不受侵犯。准改组是指在公司长期发生严重亏损，留存收益出现巨额赤字且资产的账面价值严重不符合实际。如果债权人认为可以通过更换管理人员来解决，债权人则可以通过债权人管理委员会的形式接管企业，控制企业的经营管理，直至企业所有债务偿清为止。

如果企业的债权人很多，达成一致意见的难度很大，企业就必须通过法律途径实现正式财务重整。正式财务重整是通过法院裁定实现的。如果法院认为正式财务重整的价值大于企业破产清算的价值，征得债权人的许可之后，则可以判定债务人进行正式财务重整。正式财务重整中，法院要对财务重整计划的公正性与可行性进行判断，保护债权人的合法利益。在企业重整期间，股东会和董事会的权力被终止，法院指定受托人接管债务企业并进行改组。

财务重整是企业迫不得已采取的措施。在可能的情况下，企业都要尽量避免财务重整，因为这会给企业的正常发展带来很大的伤害，甚至威胁到企业的生存。

第三节　人力资源战略管理

一、企业人力资源战略管理与规划

（一）人力资源战略管理概述

1.人力资源战略管理的含义

从人力资源管理活动出发，人力资源战略居于统摄的地位。人力资源战略管理的职能更加偏重于企业的战略层次决策、规划与实践活动，而非具体人力资源管理事务的执行。人力资源管理者的角色从过去的一般执行者、协助者角色转化为企业关键战略的制定者与倡导者。因此，人力资源管理战略提高了人力资源管理部门的受重视程度，也提高了人力资源经理的受重视程度。

2.人力资源战略管理的类型

（1）依据形成员工队伍的方式划分

按照吸引员工的不同方式，人力资源管理战略可以被划分为诱引战略、投资战略、参与战略三类。诱引战略是指通过丰厚的薪酬和良好的内部环境来吸引和招募人才。这类战略的人力成本支出较高，为了控制成本，往往会采取裁汰冗员的手段进行支持。投资战略是指聘用较多的员工，形成一个备用人才库，通过多种手段考核以后，发现值得投资的员工，注重对员工的长期开发与培训。人力资源管理人员的职责是确保员工得到所需的资源，获得培训和发展。所谓参与战略是指给予员工较大的决策参与机会，使大多数员工能够参与决策，提高员工的参与性、主动性和创造性，增强员工的归属感与责任感，从而促使员工提升自己的素质。采取这种战略的往往把重点集中在团队建设、自我管理和授权管理上。

（2）按对人力资源的认识不同分类

按照这种划分方法，人力资源管理战略可以被划分为累积型战略、效用型战略和协助型战略三种。所谓累积型战略是指看待人力资源管理工作是通过长久的累积实现的，注重人力资源的培训与开发，通过较长时期的工作获取最为合适的人才。这种战略以长期雇佣为原则，讲究公平对待员工，员工的晋升也较慢。所谓效用型战略是指以短期观点看待人力资源管理工作，较少提供培训，如果人力出现缺口立即在人才市场上开展招聘予以填补。这种战略与累积型战略相反，不提倡终身雇佣，员工晋升速度快。所谓协助型战略是介于累积型和效用型战略之间，员工个人需要具备技术性能力，要在同事之间建立良好的人际关系。培训过程中，公司的职责是协助，员工负有学习的责任。

（3）按照企业变革的程度划分

依据这种划分方法，人力资源管理战略可以划分为四个类型，分别是家长式战略、任务式战略、发展式战略和转型式战略。家长式战略是指公司集中开展针对人事的管理活动，采取硬性的任免制度，重视操作与监督。这种制度的基础是奖惩和协议，注重组织发展的规范性。这种管理方式多存在于传统企业之中，对于新型企业来说，这种模式显然是不合适的。任务式战略是指企业发展围绕某一个特定项目展开，人力资源工作强调围绕某一个项目展开工作的设计和规划，注重规划与合作，这种战略非常重视部门的组织文化建设，希望通过组织文化提升组织成员对部门发展的认识。由于这类战略通常是将不同类型的人员组织在一起，因此这种战略最重要的一点就是围绕企业的战略展开制度安排，并且加强基于制度的管理工作。所谓发展式战略是指当企业处于不断变化与发展的环境中，企业采用渐进和发展的人力资源战略适应不断变化和发展的环境。所谓转型式战略是指企业因为陷入危机或者意识到自己将要陷入危机，不得不采用大范围的转型，对人力战略、组织机构和人事进行重大变革。

公司所处的环境是不同的，采取的人力资源战略也会有所不同。对于一个公司来说，由于自身的发展问题，公司往往会采取复合式发展战略，并不固定采取某一特定的策略，仅仅有可能在某一个时期采取一种特定的思路。

（二）人力资源战略管理的模式

1. 最佳实践人力资源战略模式

这种模式认为在既定的人力资源管理环境中，最合适的人力资源活动可以提高组织的生产绩效。企业可以通过建立并实施各种各样的机制，如提高员工能力，得到员工的信任，激励员工和选择合适的工作方法等来实现效益最大化。

最佳实践模式影响企业绩效主要从以下几方面入手。

（1）甄选方面。选择员工招聘来源、甄选测验的效度、结构化的甄选程序、认知与能力测验，以及加权申请表格五种甄选活动能提高企业盈利、盈利增长率和整体绩效。

（2）培训方面。结构化的员工训练对企业绩效有显著的正向影响。

（3）绩效评估和薪酬方面。关键绩效管理模式对企业绩效有显著的正向影响。

2. 权变模式

在企业不断变化的经营环境中，最佳实践模式的策略遭受到了一些企业管理者的质疑。他们认为企业绩效只由人力资源管理活动影响，排除其他影响因素是与企业管理活动明显不符的。企业必须根据自己当前所处的环境采取更为具体的管理策略，将企业目标落实下来，企业绩效才会有显著的发展。

3. 最佳配合模式

最佳配合模式认为不同类型的人力资源战略管理适合于不同类型的企业条件。企业组织需要界定在各个方面适合自身的人力资源战略，包括产品市场、劳动力市场、企业规模、企业结构、企业战略和其他相关因素。对于一个组织合适的人力资源战略对其他组织就不一定合适。

一般来说，最佳配合模式主要有三种，分别是生命周期模式、组织结构模式和人力资源模式。生命周期模式将人力资源战略政策选择与企业在其生命周期的不同阶段中不同的需求联系起来。该模式认为，在每一个阶段企业都有不同的经营上的优先考虑，这些不同的考虑反过来需要有不同的人力资源战略。组织结构模式认为有效的人力资源管理系统能够提高组织的效益，而且这些系统能从内部适合企业战略的需要。该模式认为，管理人员应该将人力资源管理作为一个完整的工具运用到战略决策中去，关键的管理任务是调整正式的结构与人力资源系统，从而使它们共同推进实现组织的战略目标。人力资源模式着力将公司的竞争战略与人力资源管理实践相联系，通过总结符合既定的企业战略需要的理想员工的"角色"行为来构思人力资源战略。该模式的关键点不仅在于人力资源的行为，而且在于引起行为的人力资源的知识、技能、态度和胜任力素质，这些对企业的长期生存会产生更持续的影响。

（三）人力资源战略管理的实施

1. 人力资源战略的形成

在战略形成过程中，人力资源管理的目标是配合企业的战略，所以人力资源管理应该参与到企业的有关战略决策中，发挥其约束战略和指导战略的作用。而实现这一作用，企业人力资源管理应该有一定的组织程序作为保证。人力资源高层管理人员作为企业战略规划领导小组的重要成员，直接参与企业重大战略决策，确定战略目标。首先，在分析企业的环境时，人力资源管理部门也分析其面临的企业环境和具体的人力资源环境；其次，人力资源战略的选择受到人力资源环境、企业环境和企业战略选择的影响，同时人力资源环境和人力资源管理战略选择也影响企业的战略选择；最后，企业制订的战略规划和人力资源战略规划两者相互影响，都受到各自战略选择的影响。

2. 人力资源战略的实施

在企业战略的实施过程中，人力资源管理可以从四个方面着手，采取有力措施，提供企业战略实施的基础保障，使企业获得和保持战略的竞争力。

第一，在基础管理层上，主要是以组织设计和工作职位分析为基础，确定企业未来人力资源的规模和结构，同时根据相关法律法规和环境条件，及时吸纳外部人力资源进入企业并对其进行有效的配置。

第二，在激励层面上，人力资源管理主要是依靠绩效考核和薪酬设计两个管理工具，做到组织和个人激励相容，把组织目标和个人目标、团队合作和个体角色、统一行动和多元化行动相结合。

第三，在股权激励层面，根据"以人为本"的经营理念和基本原则，彻底变革企业的产权制度和治理结构，实行以员工持股计划、管理者收购和经理股票期权政策等措施方案，使人力资本进行股权化运营，使员工、管理者以企业为终身目标。

第四，在企业整合层面，人力资源管理可以建立畅通的沟通渠道和民主机制，使信息能够在企业各个层级顺畅流动，使员工能够充分了解企业的信息，知道企业所面临的具体环境，知道自己在其中可以做出怎样的贡献。

（四）人力资源规划的类型

人力资源规划的类型有许多种，其中主要有：人事计划、人力资源规划、战略人力资源规划和战术人力资源规划。

1. 人事计划。这是一种传统式的人力资源规划，主要考虑人员的招聘与解雇，没有重点考虑人力资源的保留与提高，因此很难达到企业的目标，在现代企业中较少运用。

2.人力资源规划。这是一种现代人力资源规划，全面考虑企业的需求，同时关注企业人力资源的引进、保留、提高和流出四个环节。

3.战略人力资源规划。这种方式主要是将企业的战略目标融入进来，对企业人力资源的发展状况进行了长达三年以上的人力资源规划。这种规划主要考虑了宏观影响因素。

4.战术人力资源规划。这种方式是考虑企业的战术目标而制定的，是一种年度人力资源规划。这种规划主要考虑了微观影响因素。

二、企业人力资源战略绩效评估与薪酬管理

（一）战略性绩效评估

战略性绩效评估是指根据企业的战略目标和员工的个人需求达成的具有长期意义的绩效标准对其当前以及过去的绩效进行评价。从其意义上看可以划分为三个方面，分别是：①制定战略性绩效标准；②根据员工的实际活动进行绩效评价；③为激励员工消除绩效缺陷或者基础保持优良的绩效水平而向员工提供反馈。

1.界定员工战略性工作目标和工作标准

对于员工来说，应提前知道依据什么标准对他们进行评价，并且要让他们理解这些标准在企业战略管理中的意义。因此，对于企业来说，制定战略性工作目标需要经过至少三个步骤：①根据企业战略目标进行部门战略目标分解；②根据部门战略目标进行战术目标分解；③根据分解的战术目标以及个人在部门中的实际角色将战术目标具体化成为个人的绩效标准。

上述三个步骤似乎非常简单，然而向员工阐明希望他们达到何种标准，却是一件非常棘手的事情。职位描述一般无法提供这方面的答案。通常情况下，企业的职位描述并不是专门针对某一个特定职位编写的，而是针对一组职位统一编写的，而且在这种描述中很少会包括具体的工作目标。学术界根据具体的实践总结出了有效设定目标的 SMART 原则：①明确具体的目标（specific）：有具体工作目标的员工往往会比那些没有这种目标的员工做得更好。②分配可衡量的目标（measurable）：尽量用数字来表述目标，并且说明预定的目标达成日期或最后的期限。③分配有挑战性并且可行的目标（attainable）：使目标具有挑战性，但是不能困难到看起来可能无法实现或者不现实的程度。④分配与企业战略相关的目标（relevant）：分配与企业战略相关的目标会提升员工的参与感，当期达成目

标时也更容易为员工带来成就感。⑤分配目标要有时间限定（timely）：时间会给员工一种紧张感，督促其努力工作，提高自己的工作效率。

2. 绩效评价的方法

（1）图评价尺度法

图评价尺度法（graphic rating scale）是一种最简单和运用最普遍的绩效评价方法。图评价尺度法列举了一些特征要素（比如"沟通"和"团队合作"等），同时还分别为每一个特征要素列举了绩效的取值范围（从"不令人满意"到"优异"，或从"低于期望"到"杰出榜样"）。主管人员找出其中哪一个分数最能反映下属员工在某一项特征要素上的实际表现，然后在这个分数上画圈或者打钩，再将员工在所有要素上的得分进行加总。

（2）交替排序法

交替排序法是根据一种或多种特征要素来对员工进行从绩效最好到绩效最差的排序。一般来说，从员工中挑出绩效最好和绩效最差的人往往比较容易，因此交替排序法是运用最为普遍的绩效评价方法之一。其操作方法是：首先，列出所有需要接受评价的下属人员的名单，将其中自己并不是很熟悉的因而无法对其做出评价的人的名字划去。然后，在表格上标注出，在被评价的某一特征方面，表现最好的员工是哪一位，表现最差的又是哪一位。接着，在剩下的员工中挑出表现次最好的和次最差的，以此类推，直至所有需要接受评价的员工都排列完毕。

（3）关键事件法

关键事件法是将那些员工工作中与企业战略目标紧密相关的关键事件一一罗列出来，运用这些去评价在过去一个阶段下属工作的具体成绩。收集关键事件是非常有用的。它为管理人员提供了一些关于员工的优良绩效和不良绩效的实例，从而便于管理者向下属人员解释自己对他们进行绩效评价的结果。而且，这些关键事件记录还可以为主管人员提供一些具体的例子，帮助他们让下属员工更清楚地知道可以通过做哪些事情来消除自己的绩效缺陷。它的不足之处在于，如果没有一些量化的评价结果，这种评价方法在对员工进行比较或者薪酬决策时就不那么有效了。

（4）陈述性表格法

全部或部分书面评价可能会以陈述性表格的形式表现出来。在这里，员工的直接主管人员负责对员工过去的绩效进行评价，并指出他们需要在哪些方面有所提高。主管人员所做出的陈述性评价有助于员工理解自己哪些方面的绩效是好的，哪些方面的绩效是差的，以及如何提高自己的绩效。

（二）战略性薪酬管理

1. 企业制订薪酬计划需要考虑的问题

（1）工会对薪酬决策的影响

工会及劳资关系方面的法律也会对企业的薪酬计划设计产生影响。我国相关法律规定了工会在企业决策过程中的权利和义务。在必要时，工会应代表工人进行薪酬水平的集体谈判。在具体实践中，工会也就与其他一些与工资有关的问题与资方展开谈判和协商，其中包括带薪休假时间、收入保障条款（针对那些在经常临时性解雇员工的行业中工作的劳动者）、根据生活成本调整工资以及诸如医疗保健之类的福利。

（2）公司政策、竞争战略和薪酬

薪酬计划应当有助于推动公司战略目标的实现—管理层应当制定一项整体性的报酬战略。这是指构建一揽子的报酬方案——包括工资、奖金和福利在内——以产生有助于支持企业竞争战略实现的各种员工行为。

通常的企业管理中，管理者需要制定一系列的薪酬政策来解决企业管理中的问题。企业管理者必须回答薪酬到底是应当强调资历还是应当强调绩效这样的问题。资历是一种很客观的标准，从这一角度来说，以资历为基础的薪酬计划也是有自己的优点的。而这种薪酬计划的缺点之一则是，绩效优异者和绩效较差者所获得的加薪幅度都是一样的。薪酬政策中还必须应对如何区分高绩效者和低绩效者的问题。

企业计算加薪的方式通常有两种。一方面，很多企业制定了绩效加薪政策。这种加薪方法的基本思想是将每一位员工的年度加薪幅度同他们的绩效联系起来。另一方面，有些企业则提供普遍加薪。这种加薪方式避免了由于区别加薪所引发的员工不满，有利于企业即使是在通货膨胀时期也能留住员工，这种加薪方式也可能是企业与工会或政府部门签订的合同所规定的。

如何处理薪资压缩也是一个非常关键的政策问题。薪资压缩是通货膨胀的产物，它意味着已经在公司工作较长时间的员工所获得的薪资反而不如新进公司的同类员工。这时，由于物价水平使得新员工的起薪要比公司的薪资水平上涨得更快，因此公司需要制定一项政策来处理这一问题。一方面，企业不希望不公平地对待现有的员工，或者看到他们带着自己的知识和经验离开公司。然而，有些员工的薪酬水平之所以比较低，原因可能并不是薪资压缩，而是其个人的绩效较差。企业可以采取的一种政策是实施一种更为激进的绩效加薪计划。另外一些企业的政策则授权员工的直接上级向企业提出"公平性"薪资调整建议，从而为那些明显受到薪资压缩不利影响的员工进行薪资调整。

2. 确定薪酬水平

在确保内部公平性、外部公平性和（一定程度的）程序公平性的情况下，确定薪酬水平的过程一般分为五个步骤。

第一，实施一次薪酬调查，了解其他企业为具有可比性的职位支付的薪酬水平（以确保外部公平性）。

第二，通过职位评价确定组织中的每个职位的相对价值（以确保内部公平性）。

第三，把相似的职位归类划分到不同的薪酬等级中。

第四，通过运用薪酬政策曲线为每个薪酬等级定价。

第五，对薪酬水平进行微调。

三、人力资源风险管理的措施

（一）树立人力资源风险管理意识

管理者如何在人力资源风险防范过程中树立自己的认识，是实现人力资源风险管理的主要工作。作为领导者，企业管理者必须认识到人力资源管理中的风险问题，核定企业未来可能存在的各种人力资源风险，加强前期管理工作，实施有计划的管理措施。

（二）加强人力资源风险的全程防范

在招聘过程中，企业要准确开展工作分析，确定所要招聘人员的能力与素质，准确使用合理的招聘方式。对于不同的岗位，企业要采取合理的招聘方式。对于那些关键岗位，可以采用猎头招聘的方式，精准招聘高端人才。在用人阶段，企业应做好制度安排，做好激励工作，建立合理的薪酬制度，建立体现企业内部管理制度的公平性、激励性和竞争性的激励制度，建立高效的企业绩效考评制度。企业还要加强文化建设，促进员工之间的交流与合作，培养企业的团队精神。在育人阶段，企业要高度重视员工培训工作，提高员工的能力，帮助企业抵御各类风险。在留人上，企业可以采取多管齐下的原则，可以高薪留人、文化留人、感情留人等。

（三）建立人力资源管理信息系统

在人力资源管理领域，最为严重的问题就是信息不对称导致的人力资源管理风险。为了降低这类风险发生的可能性，企业需要建立一套完善的人力资源信息管理系统，加强监督与管理工作。人力资源信息系统的内容包括企业内外两方面的信息。企业内部信息包括在职与离职人员信息、员工动态信息、人才储备信息等。企业可以通过跟进这些信息了解企业的运行状况。企业的外部信息包括同业人员的信息、同业人才需求信息、人才供应状况信息等。企业可以了解企业外部的人力资源发展状况。

第五章 企业管理战略实施

第一节 战略实施的性质和特点

一、战略实施的作用与过程

（一）战略实施的作用

战略实施指将组织战略从计划转变为行动，最终实现战略目标的过程。进入战略实施阶段以后，企业战略管理者首先必须清楚企业战略实施是不同于战略制定的另一种活动。其次，企业战略管理者必须清楚战略实施的重要性甚至超过企业战略制定。

制定了好的、合适的战略并不一定意味着成功，只有将合适的战略正确地付诸行动，企业战略才能真正获得成功。企业外部环境越是动态和复杂，企业战略实施的重要性就越突出。美国管理学者托马斯·波奈玛说：一个合适的战略如果缺乏有效的实施会导致整个战略失败。然而，有效的战略实施不仅可以保证一个合适的战略成功，还可以挽救一个不合适的战略或者减少它对企业造成的损害。

正是因为环境动态化和复杂化提升了战略实施的复杂性和重要性，所以汤普森等学者认为，有效的战略实施是一种综合能力，可以成为竞争优势的直接和稳定的来源。在速度和创新越来越重要的情况下，有效的战略实施能力为企业应对环境动态化提供了有效和持续的保证。许多管理者都曾提到类似的观点：让我们决定去什么地方也许并不难，难就难在如何让整个组织都有效执行这个决定。因此，管理者首先需要了解战略实施的基本过程。

（二）战略实施的基本过程

1. 目标分解

《孙子兵法》中提到：凡治众如治寡，分数是也。战略实施的第一个步骤就是目标分解。目标分解是指企业战略管理者在新的企业战略获得董事会批准后，把企业战略目标细化、分解和转化为易于操作和控制的经营目标，建立企业的经营目标体系。在建立企业经营目标体系的过程中，企业战略管理者需要综合考虑财务、客户、研发、管理各方面的协调发展，对企业战略目标进行分解，包括将企业的战略目标细化、分解和转化为各个业务单位和职能部门、各个阶段或者年度经营目标，明确企业高层管理者的职责；各个业务单位和职能部门再将自己的年度经营目标做进一步的细化、分解和转化，明确企业中低层管理者的职责，直至企业战略目标完全落实为止。

2. 资源配置

资源配置是指企业在目标体系建立之后，将现有的有限资源在特定时间内分配到关键的领域，以有效实现企业的战略目标。因此战略实施的过程其实就是有效配置资源的过程。资源配置至少要遵循以下三个准则才可以获得成功：①进行配置的资源必须弥补企业行动与远景的差距。在配置资源的过程中，企业必须引导资源远离那些无法实现企业战略目标的地方，而趋向有利于组织目标实现的领域。②进行配置的资源必须对关键战略形成支持。由于资源总是稀缺的，企业必须在落实企业行动与远景的领域中做出进一步的选择，即把资源分配到最关键、最能实现战略价值的地方，尤其是对企业核心能力的支持与价值链的增加两方面。③需要考虑与特定资源配置相关的风险程度。在资源配置的效果相同的情况下，企业需要考虑自己的风险接受程度。

3. 政策支持

为了保证企业战略实施的有效性和高效率，企业战略管理者需要为战略实施制定相关的企业政策。企业政策是战略实施的一种工具，是企业战略管理者为保证实现既定目标的各项工作顺利完成而制定的基本方针、行为规范与决策程序的总称。提供战略实施政策支持的主要目的是：第一，通过制定和执行相关政策规定，规范和协调企业为实施战略而采取的各种具体决策和行动，避免失去控制，保证企业战略实施具有严格性；第二，通过制定和执行相关政策规定，避免过度控制，为企业实施战略的各种具体决策和行动提供空间，保证企业战略实施具有恰当性。合格的企业政策应该是一套完整的政策体系，包括支持企业整体战略的公司政策以及适用于具体职能部门的部门政策。例如海尔提出的"日事日清，日清日高"，从最初的工作方法上升到企业的工作准则和行为规范，乃至企业文化。

需要注意的是，政策应当形成文字，以具象的形式进行表达，这样可以加强企业执行政策的决心与力度。

4. 战略评价与控制

战略评价与控制是指企业战略管理者根据外部和内部环境的变化，及时和正确地评价战略实施的效果，判断战略实施过程中出现的问题，并且对战略实施的行为、决策甚至战略的内容做出相应的调整。战略评价与控制一般包括三项基本活动，分别是检查战略基础、衡量企业绩效和采取纠正措施。①检查战略基础。在企业战略实施的过程中，企业战略管理者需要动态监控和分析企业外部和内部环境的变化，判断上述变化是否动摇了实施企业现行战略的基础条件，决定是否需要对现行战略做出相应的调整。②衡量企业绩效。在战略实施的过程中，企业战略管理者需要动态对比实际的战略实施绩效与所制定的战略目标之间的偏差，对战略实施的效果进行评价，找出产生偏差的原因。企业绩效通常从定量与定性两个方面进行衡量。③采取纠正措施。根据企业战略基础条件变化的大小与企业绩效产生偏差的原因，战略管理者可以依次决定是否需要采取以下三种纠正措施：修订战略实施的保证措施；修订战略实施的目标与计划体系；修订原来的企业战略。

二、战略实施的特点与难点

（一）环境动态化与战略实施

1. 环境特征与战略实施的有效性

企业战略管理过程就是企业战略管理者运用各种管理手段实现战略目标的过程。在相对静态的环境下，企业战略管理者可以事前、主动、理性地制定一个详尽和具体的战略，在实施战略的过程中只需要运用各种管理手段将"计划好的战略"准确地转变为"实现了的战略"即可。因此，相对静态的环境下战略实施的有效性主要体现为战略实施的严格性。在相对动态和复杂的环境下，企业战略管理者事前、主动、理性制定的战略不可能非常详尽和具体，因为他们知道"计划好的战略"在转变为"实现了的战略"的过程中会面临两种动态变化的挑战：一是环境的动态化，二是竞争对手反应的动态化。谁能够快速和创造性地调整自己的战略行为，谁才能够取得成功。因此，相对动态和复杂环境下战略实施的有效性不仅取决于战略实施的严格性，更取决于应变的恰当性。为此，越来越多的企业在坚守战略承诺的前提下，希望企业战略管理者在战略实施过程中根据环境尤其是竞争对手的变化，补充和修改原有的战略，而且所做的补充和修改越快、越具有创新性越好。

2. 战略实施的"河床模式"

为使战略实施的动态性和复杂性更容易被理解和接受，我们提出了战略实施的"河床模式"，主要是因为河床图形的一些特点可以形象地表达动态性的本质特点：①水能够积少成多，最终变成蕴含巨大力量的河流，这能够恰当地代表企业战略的力量；②"河床"规定了河流的基本走势和流向，但给河中的水留下很大的自由，非常符合点决策与过程决策的关系；③正所谓水无定势，逢低而进，遇阻则绕，毕竟东流，恰似企业在战略实施过程中的行为。如果企业战略管理者事前、主动、理性制定的战略详尽和具体到每一个时点河水应该如何流动，而且过于强调战略实施的严格性，那么河水遇到石头时的反应速度和创新性就没有了。如果企业战略管理者强调河水可以不按照事前、主动、理性制定的战略流动，那么企业战略实施的行为将完全失去控制（即突破河水的基本流向和河岸宽度的制约），战略承诺和目标就难以实现。

有效应对环境动态化给战略实施带来的上述挑战，需要企业战略管理者使用恰当性而不是严格性作为衡量战略实施有效性的标准，并且从行动迅速、决策科学和承诺坚定三个方面正确理解战略实施恰当性的含义：①除非企业外部和内部环境发生重大的变化，否则企业在战略实施过程中不能轻易对企业承诺做出重大的调整；②动态关注企业外部和内部环境的变化趋势，并且运用理性的方法做出尽可能科学的战略决策，包括事前和事中的战略决策；③在实施战略决策的具体行动中，在结构、机制和文化上鼓励具体行动的管理者应根据环境变化和与对手的博弈做出快速和创新性的行动决策。有效处理承诺坚定、决策科学和行动迅速而富有创新之间的关系，需要综合使用计划、组织、任用、领导和控制等多种管理手段，有效整合相对静态和相对动态两种环境下战略实施的管理手段。

（二）战略实施过程中的困难

1. 内部冲突

目标间的相互依赖和对有限资源的竞争往往会导致冲突。冲突被定义为双方或多方在一个或多个问题上的分歧。战略实施过程中导致冲突的原因有很多，例如：人们各不相同的期望和观念、计划带来的压力、个性的不合、不同部门负责人之间的误解等。甚至在确定战略目标的时候也会产生冲突，原因在于管理者和战略制定者必须在各个方面做出权衡和取舍：短期盈利与长期增长，盈利率和市场份额，市场渗透与市场开发，增长与稳定，高风险与低风险，社会责任与利润最大化等。但冲突并不一定是坏事，冲突的缺失是漠不关心、麻木不仁的信号；冲突可以帮助管理者发现企业中的问题，重要的是如何管理和解决冲突。管理者可灵活使用三种方法以化解冲突，包括回避、缓解和正视。其中，回避包括：无视问题而寄希望于冲突自行解决，或将相互矛盾的个人或群体进行分离；缓解包括：减少矛盾双方的冲突，强调双方的共同点和共同利益，或通过妥协淡化胜负，或遵从少数服从多数原则，或请求高级权威裁决，亦可调整当前立场；正视包括：交换对立双方人员以促进相互理解，或召开会议让对立双方陈述各自的观点，求同存异，设法解决分歧。

2. 有限理性

有限理性相关理论的主要倡导者是诺贝尔经济学奖得主美国经济学家赫伯特·西蒙。有限理性是指人的行为是"有意识的理性的，而且这种理性是有限的"。决策者追求理性，但不是最大限度地追求理性，而只是追求有限理性。这是因为人的知识有限，决策者既不可能掌握全部信息，也无法认识决策的详尽规律。因此，作为决策者的个体，有限理性会限制他做出完全理性的决策，他只能尽力追求在自己能力范围内的有限理性。有限理性表现在企业战略实施的过程中，管理者很难分析、预计和把握计划的每一个方面。为了更加易于管理，战略目标和计划不得不进一步分解，这种处理可能会导致在战略实施过程中出现一定的偏差。此外，战略实施过程中的个体会试图将其个人目标体现在战略实施过程中，但这些目标不一定与组织目标完全匹配。《孙子兵法》中就曾强调"上下同欲者胜"。因此，战略实施过程中需要尽量保证个体与组织的利益和目标的一致性。

三、战略实施的类型

（一）执行型战略实施

如果企业判断实施新战略所需的外部环境的动态性和复杂性不高或者可预测性较高，支持新战略实施的内部资源和能力较为充足，战略实施的重点就是相对严格地执行事前、主动、理性制定的战略，这是执行型战略实施的特点。

在相对静态的条件下，执行型战略实施可以通过建立有效的目标体系和实施有效的目标管理来推进。在制定企业战略的过程中，企业战略管理者已经根据企业的战略承诺制定了企业的目标，但是这个阶段所制定的目标还是总体性、长期性和关键性的目标。为了保证企业的战略承诺和目标得到有效的实现，企业战略管理者应在战略得到批准以后将目标逐项、逐层和逐年地分解和落实，构建一个完整的、层次化的、序列化的目标体系，作为战略实施的第一项有力措施。因此对于执行型战略实施来说，战略实施过程中战略本身基本不需要进行事中调整，"按部就班"实施即可。

企业战略目标的分解是一个系统思考的过程，既要考虑不同层次目标的纵向协同、不同阶段目标的前后一致，又要考虑同一层次目标的相互协同。例如，若营销部门无法将更多的产品销售出去，生产部门就算完成了年度目标，也只会造成产品积压，对企业毫无价值可言，甚至会加重企业的生产成本负担。因此，企业的目标分解必须形成一个上下、前后、左右相互关联的目标体系，将各类相关和关键要素有效组合起来，实现资源的合理配置，确保企业的协调和良性发展。构建了合理的目标体系之后，在资源配置阶段，一个主要的逻辑就是根据目标分解的情况和目标实现的需要确定资源配置的领域和数量，通过完善的支持性政策和制度推进资源的有效运用和保障目标的实现。

战略实施目标体系的建立为企业在实施战略过程中采取目标管理（MBO）的方法创造了条件。在相当长的一段时间里，目标管理是企业实施战略管理最有效的方法之一，它将目标、考核和激励有效结合在一起以保证企业整个目标体系的实现，以至于在许多企业中目标的制定和目标体系的建立曾经代替了战略的制定和战略管理体系的建立。

（二）学习型战略实施

如果环境动态性和复杂性不高或具有较高的可预测性，但是顺利实施战略所需的资源或能力不足，那么战略实施的重点应该是获取所需的资源或构建相应的能力以实现既定战略，这是学习型战略实施的特点。

在制定战略的过程中，管理者需要识别出有利于战略实现的资源和能力，战略实施的成功需要投入这些资源和能力。如果企业需要获取新的资源和能力以有效实施战略，从资源和能力的来源角度来说，汤普森等人提出，内部构建与外部整合是两个主要途径：

第一，内部构建。企业资源的内部构建是通过内部资源重新配置实现的，其目的是使内部资源的配置更好地支撑企业战略的实现。企业能力的内部构建主要包括：①通过更好的分工和专业化经营提高企业各种人才的专业能力；②通过结构、机制和文化的调整提高企业动态整合的能力；③根据新战略实施的需要引入新的人才和加大相关培训。为了获取实施新战略所需要的资源和能力，小米采取的主要措施是对企业内部的资源和能力进行有效的重组，将更多的资源和精力放在核心业务和产品上，通过更加有效的分工和专业化经营提升企业的资源和能力。

第二，外部整合。基于对构建资源和能力的难度和速度的考虑，通过外部整合获取企业实施新战略所需要的资源与能力可能更加有效。但是相对于内部构建来说，外部整合可能会面临不同的困难和更大的风险。①企业必须具有一定的优势才能构建与其他企业的合作关系，必须做出一些交换才能整合所需要的资源和能力。②企业必须具有一定的管控能力和学习能力才能使自己所得到的比自己失去的更多。③外部合作或者整合的方式很多，从签订长期合同到完全收购，企业需要做出最佳选择。

（三）探索型战略实施

由于环境动态性和复杂性高，可预测性较低，企业在战略实施过程中一方面需要动态调整战略，另一方面需要动态调整和匹配新战略实施所需要的资源和能力，因此战略实施的重心在于对外部环境变化的准确识别和动态应对，这是探索型战略实施的特点。

战略管理的环境学派尤其是权变理论强调组织管理的方法依赖于组织的大小，技术、环境的稳定性以及外部竞争的对抗性等，其中环境是最重要的权变因素。在战略实施过程中，环境特征同样是举足轻重的。尤其是在当今互联网和信息技术迅猛发展的背景下，技术变革常常带来产业环境和竞争环境的颠覆，企业原有战略的适应条件发生翻天覆地的变化。正如加拿大管理学家亨利·明茨伯格所指出的，"战略管理之所以成为一个令人兴奋的领域，是因为实践者和管理者都面对一个丰富多彩且差别细微的世界，它充满了令人惊异的事物，是一个推崇富有想象力的行为的世界。成功的战略家和成功的研究者接近这一世界并了解其细节"。例如导入性案例中的小米，其生态链战略的实施过程就是一个典型的探索型战略实施的过程。在基本无先例可循、完全依靠自身实践的状态下，小米摸索出一系列独特的打法——"入资不控股，帮忙不添乱"的投资逻辑，以工程师为主的投资团队，矩阵式全方位孵化，逐渐成为全球智能硬件领域产品出货量最大、布局最广的企业生态系统之一。

因此，在高度动态条件下，探索型战略实施需要企业具有良好的识别环境的能力。明茨伯格曾提出识别环境的四个特征：稳定性、复杂性、市场差异化、敌对性。不同企业所处环境的四个特征的程度不同，但它们同时存在并交互影响。

四、战略实施的推进策略

（一）战略实施的系统性

1. 系统性推进

战略实施是一项系统性工程，要求企业的各方面活动，包括各个业务单元、区域单元等，以及生产、研发、销售、采购、物流、财务、人力资源等各个职能部门能够相互匹配、协同联动。因此，一般情况下，战略实施从一开始就是一个基于"顶层设计"的全面系统开展活动的过程。在战略实施过程中至少需要对如下十个方面精心考虑并有效推进：①为组织雇用能够很好执行战略的管理者和员工；②构建成功执行战略所需的组织能力；③构建一个支持战略的组织结构；④为战略执行配置充足的资源；⑤制定促进战略执行的政策和程序；⑥采用最好的实践和业务流程，驱动战略执行活动的持续改进；⑦使用信息和操作系统，使员工能够高效地执行战略；⑧奖励和激励直接与战略目标和财务目标挂钩；⑨塑造促进战略执行的企业文化；⑩发挥内部领导职能以推动战略顺利执行。系统性战略推进的好处突出表现在对全局的掌控能力上，它有利于最大限度地发挥协同效应和整合效应，扬长补短。有效的系统性战略实施对外部环境的可预测性和企业内部资源及能力具有相当高的要求。在新旧战略的变化大（包括行业和区域两个方面）和实施新战略可能面临的困难或者阻力较小的情况下，选择系统性推进方式会更有效。

2. 非系统性推进

战略实施的非系统性推进并不是指不需要系统性思维，而是强调战略实施过程不需要按照严格的时间、步骤和程序推进，可以表现出一定的灵活性、动态性甚至是探索性。由于战略实施过程复杂，在企业能力有限、环境预测不足的情况下，"摸石头过河"就成为一种可能的选择。企业在战略实施过程中，尤其是新战略实施过程中，允许在某些活动中、某些环节上、某些范围内先行先试，总结经验，逐步推广。在非系统性推进的过程中，要注意抓主要矛盾。战略实施过程中如果企业的营销、财务、研发和管理信息系统这几个方面出现问题，战略实施就很难顺利推进并取得效果。例如，新宝电器的战略转型并没有追求面面俱到，而是首先从研发和生产等活动重点突破，从而更有效率地获得了新战略带来的好处。有效的非系统性战略实施对外部环境的可预测性和企业内部资源、能力的要求相对较低。如果企业新旧战略的变化大（包括行业和区域两个方面），实施新战略可能面临的困难与阻力大，那么选择非系统性推进方式的效果会更好。

（二）战略实施的推进速度

1. 快速推进

"兵贵胜，不贵久"。时间是战略成败的关键，速度则是竞争优势的重要来源。当环境变化迅速时，快速推进战略实施过程有助于企业及时进行战略调整以应对环境变化，获得先动者优势，从而更快地进入、占据或者扩大市场，巩固或提升市场地位。但是，快速推进战略实施过程对企业能力的要求更高，特别是企业各职能部门、各业务单位的执行能力，以及企业管理者的控制能力。需要注意的是，快速推进时很容易出现内部阻碍，包括中低层管理者和员工的执行不力甚至抵触。此时，内部沟通和协调尤为重要。快速推进战略实施过程需要先取得内部共识，其重要性体现在如下四个方面：①保证每个人都已经了解；②使得任何困惑或者不明确的问题能够被解决；③清楚地传达在战略决策阶段制定的意见、假设、意外事件和可能的选择；④保证组织能够适当地进行协调。

2. 慢速推进

如果企业判断其既定战略所需的环境条件在一定时期内不会发生快速或剧烈变化，或者管理者判断环境的预期变化是企业足以应对的，那么此时对战略实施过程的速度要求可以相对较低。通过慢速推进战略实施过程，一方面，有可能获得后来者优势，了解竞争对手的优缺点，了解市场特点和顾客需求变化的趋势，从而更好地实现战略；另一方面，大多数管理者明白"心急吃不了热豆腐"，不急不躁，稳扎稳打，这有利于充分的内部沟通，增强企业战略实施的内部合法性。慢速推进最大的风险是，环境变化导致外部市场机会丢失。由于战略实施的推进速度不快，随时面临环境发生变化的可能性，因此战略目标或任务随时需要调整。

慢速推进对企业的灵活性要求更高，强调企业在长期过程中的动态适应和调整。

（三）战略实施的推进方向

1. 自上而下

自上而下进行战略推进，主要指管理者制定战略实施的过程并发出强制执行的各种指令。其优点是能更好地贯彻企业战略制定者的意志，推进速度更快，有利于控制；但缺点也较为明显，即内部可能遇到更大的阻力，员工无责任心。实施新的战略会产生较大变革时，这种缺点会更明显。因为变革会使人产生忧虑，担心变革会导致经济损失、工作不确定性、不方便等。由于员工不理解正在发生什么，以及为什么要进行变革，因此常常会产生抵触心理。成功的战略实施取决于管理者能否通过提供正确有效的信息，创建有助于变革的组织氛围，让管理者和员工视变革为机会而不是威胁。因此，自上而下推进战略实施时，内部阻力的应对与克服是关键。自上而下的推进方式非常依靠强有力的领导。一旦领导人出现变动，原有执行过程可能会出现重大变化。在集权式企业如传统的家族企业中，自上而下的战略推进可能具有更高的效率。

2. 自下而上

所谓"自下而上"并不是指由基层管理者或员工完全自发自主地制定和实施战略，而是强调战略实施过程中，以基层为战略实施的主要力量，将权力下放，让员工参与战略实施的全过程，包括目标的分解、资源的配置、政策的制定，以及战略的评价、控制和调整。企业在进行战略变革的时候，员工参与的重要性更为突出。

值得强调的是，无论是在自上而下还是自下而上的实施过程中，中层管理者都具有重要作用。在多地区多业务的企业中，战略实施过程尤其需要中层管理者依靠其业务知识和当地网络发挥桥梁作用，处理与各类利益相关者尤其是政治因素的关系。

企业外部环境的动态化不仅改变了企业战略的性质与特点，也改变了企业战略实施的性质和特点。企业战略管理者在推进战略实施的过程中最重要的任务是：根据战略实施的环境特征，判断战略实施的类型，从而选择有效实施战略的推进策略。

第二节 战略实施的管理与控制

一、战略实施的计划管理体系

（一）战略实施的目标体系

保证企业战略有效实施的第一步即建立有效的目标体系。在战略制定的环节完成之后，企业需要通过对战略目标进行科学合理的分解，构建一个完整的目标体系，保证企业的战略承诺和目标得以实现。一般来说，构建战略实施的目标体系需要从如下四方面进行考虑：

1.企业的战略目标通常是中长期的，例如三年或五年的发展目标。在建立战略实施的目标体系的过程中，企业战略管理者需要将这些中长期目标细化成每个阶段甚至是年度的经营目标。这样，每个经营年度目标的实现就会促成中长期目标实现。从这个角度来看，企业战略实施的目标体系是序列化的。

2.企业的战略目标通常是宏观的，例如整个多元化企业的总部需要实现的目标。在建立战略实施的目标体系的过程中，企业战略管理者需要将这个全面或者宏观的目标分解到各个主要的业务或区域层次上，目标层次的分解取决于这个企业是行业多元化企业还是市场多元化企业。按照行业或者市场设立的事业部会将分配给它们的目标进一步细分到每个职能部门或者经营单位，直至落实到每个具体的业务单元为止。从这个角度来看，企业战略实施的目标体系是层次性的。

3.企业的战略目标通常是综合性的，例如净资产收益率（ROE）、投资回报率（ROI）等。在建立战略实施的目标体系的时候，企业战略管理者需要将这种综合性目标分解，变成一组综合性目标。例如，ROE作为一个综合性经济效益目标，可以分解为若干个二级甚至三级子目标，只有当这些目标都实现时，企业的综合性目标才能实现。从这个角度来看，企业战略实施的目标体系是复杂的。

4.企业的战略目标多数是定性的目标，当然也包括一些定量的目标。在建立战略实施的目标体系的过程中，企业战略管理者需要将这些定性的目标尽可能转变为相关的定量指标。例如，某个企业提出要在十年内成为所在行业的世界级企业，其战略管理者必须进一步明确企业将在哪些或者哪个指标上进入世界前几名，是总产量、总收入、市场占有率，还是市场价值等，它必须在至少一项指标上达到这个水平才有可能成为世界级企业。

（二）战略实施的计划体系

战略就是一种计划，并且是一种较为抽象的长期计划，因此战略的实施需要依靠不同层次和不同形式的计划来推进。这些不同层次和形式的计划之间存在相互配合和强化的关系，从而构成一个比较完整的战略实施的计划体系，主要包括中间计划、行动方案、工作程序、预算以及应急计划。

1. 中间计划

在制定战略实施的计划体系的过程中，首先需要制订中间计划。中间计划一般有两种类型：一种是介于长期战略计划和行动方案之间的计划，有时又称中短期计划；另一种是介于不同层次的组织之间的计划，例如介于总部和职能部门之间的事业部或子公司的计划。从企业战略的时间序列来说，中间计划的时间跨度一般是 1～2 年，制订中短期计划的目的是使长期战略在时间上阶段化，使整个战略实施变成一个既有阶段性又有连续性的过程。从企业战略的层次结构来说，制订中间计划的目的是使总部与具体运营单位之间在战略上可以衔接，从而使整个公司的战略变成一个有机的整体，这样各分公司和各部门中间计划的实现必然导致企业总战略的实现。在大型的多元化企业制定出企业战略以后，企业战略管理者要为每个具体的经营单位制订这样的中间计划。虽然各个企业的中间计划在内容、时间、详细程度等方面有所不同，但目的都是对企业战略的总目标进行分解或使其具体化。

2. 行动方案

行动方案是指完成一项战略性活动的具体安排，这种活动有可能是跨年度和跨部门的，其中包括行动的目的、意义、内容、途径、资源的配置、人员的安排和进程的安排等，核心内容是活动的创意。这种行动方案通常由跨部门小组编制，需要多个部门共同努力去完成。一般来说，如果企业战略涉及下列行动，那么制订具体的行动方案就是必要的：①上市；②并购；③搬迁；④新建；⑤综合性管理活动，例如质量体系认证等；⑥重大技术或管理改造，例如工厂自动化或者采用新的信息管理系统等。

3. 工作程序

工作程序主要包括工作步骤、岗位职责、工作方法和具体要求等内容。为了保证战略实施的有效性和效率，企业战略管理者需要为一些重要的工作制定工作程序，尤其是那些需要跨部门协调的复杂的工作。例如，企业新产品开发、零配件采购、投资决策和重大的广告促销等都需要明确和科学的工作程序的指导。

4. 预算

预算是一种以货币语言陈述的计划，是在预测和决策的基础上，围绕企业战略目标，对一定时期内企业资金的取得和投放、各项收入和支出、企业经营成果及其分配等资金活动所做的具体安排。中间计划、行动方案和工作程序编制完成之后，企业内部所有经营单位和职能部门的工作计划和职责就已经基本确定，在此前提下，企业内部各个职能部门需要根据企业年度计划做出各种经营预算（有时也许是跨年度预算），包括销售预算、营销预算、生产预算、采购预算、研发预算、人力资源预算和融资预算，也需要对一些重大的投资、技术改造和产品开发活动做出预算。由于预算的过程就是资源分配的过程，因此各个经营单位和职能部门会在制定预算的过程中对每项活动的必要性、投入产出的效果，以及参与活动的各个单位和部门的职责进行反复讨论和协商。所以做预算的过程就是落实战略和计划的过程，也是整合企业内部行动的过程。企业内部各个经营单位和职能部门围绕预算所进行的沟通会大大促进企业内部资源和行动的一体化过程。因此，企业战略管理将预算看成是一种促进和提升企业一体化的工具，而不仅仅是一种计划方式。

5. 应急计划

应急计划是企业战略管理者面对某些关键事件没有按预期发生时可以采用的替换计划，是企业战略实施的计划体系的有机组成部分。无论企业战略的制定、实施和评价如何仔细，诸如原材料涨价、政府的新规定、竞争对手的新战略等不可预测的事件都可能发生并使企业战略难以实现。为了减少这种潜在威胁的不利影响，企业需要事前制订应急计划。企业高层管理者不应该也不可能为每一可能发生的事件制订应急计划，而是需要制订应急计划以应付那些可能使企业产生重大损失的意外事件。应急计划应该按照正式计划的要求来制订，以便在需要的时候及时发挥作用。

（三）战略实施的职能系统

1.公司层战略转型的职能系统

随着市场竞争的激烈程度上升、资本市场的完善以及公司治理机制的不断健全，中国的多元化企业正在经历从高度多元化向低度多元化、从高度分权向相对集权的转型，部分优势企业通过先横向整合做强国内，再整合成本和创新两个优势，有效地提升了国际竞争力。在实施上述战略的过程中，多元化企业的总部有可能直接将自己从以资本经营为中心的多元化投资和管理主体"降格"为以产业经营为中心的单一业务投资和经营主体，也有可能专门从事行业、资产重组工作，而将主业横向做强的任务交给某个事业部，使之成为行业单一而市场多元化（在国内和国际两个市场上拓展空间）的企业。无论是哪一种情况，从行业多元化向市场多元化的战略转型所面临的主要问题是，如何在使整合效益（包括降低成本和扩大规模与范围经济效益）最大化的同时，克服地方差异和地方保护，保持高效的地方反应能力。为了支持企业在公司层战略上的这种转型，企业总部的主要职能部门必须对职能级战略做根本性的调整，具体的调整内容和方向具有以下特点。

第一，在实现行业集中经营和横向整合的过程中，总部需要调整并实施与所有者权益相关的职能级战略。与行使所有者权益相关的职能活动包括资产管理、财务管理、投资管理、战略管理和人力资源管理。在企业从行业多元化向行业集中经营、从地区经营向全国和全球经营转变的过程中，上述与行使所有者权益相关的职能级战略需要从以资产经营为主向以产业经营为主转变，凸显出贴近主业的特点；需要从分权化管理向集权化管理转变，实现资源优化配置和整合；需要从关注行业差异向关注区域差异转变，提高跨地区进入、跨地区竞争和跨地区控制的能力。

第二，在实现行业集中经营和横向整合的过程中，总部需要在提升主要经营活动组合效益的同时保持良好的地方反应能力。为了最大限度地发挥横向拓展和整合所产生的效益，包括降低交易成本和扩大规模与范围经济所产生的效益，总部需要在主要经营职能上采取集权，包括统一营销、统一采购、统一生产、统一物流、统一研发等。但是与此同时，企业总部有可能失去对区域市场差异性的关注，失去顾客的满意度以及区域竞争中需要的快速反应能力。为此，上述主要经营职能部门在实施一体化战略的过程中，必须根据行业和市场的特点，妥善处理好集权与分权的关系。例如，市场营销部门必须决定哪些营销活动应该集权，哪些营销活动应该分权；采购部门必须决定哪些原材料和零件需要统一采购，哪些可以由区域工厂在当地采购；研发部门需要决定哪些产品需要标准化，哪些产品可以由区域工厂进行本地化的调整；等等。

2. 业务层战略转型的职能系统

随着中国居民收入水平整体上升、收入差别扩大，消费者对产品与服务的需求差异化日益明显。绝大多数面向国内市场的企业，无论是以广大的市场还是以狭窄的市场为目标市场，为取得竞争优势，提高盈利能力，在竞争战略上都需要实现从成本领先向差异取胜的转型。

3. 外向型企业战略转型的职能系统

随着跨国企业进入中国、其他经济转型国家竞争力的提升，以及中国要素成本的上升越来越明显，中国出口加工企业的国际化业务层战略普遍面临转型升级和提高附加值的压力，具体来说需要实现从委托加工向自主经营、从被动加工出口向主动国际营销的转型。现阶段大部分出口加工企业以少数大客户为导向，根据客户的委托被动地加工产品，其附加值低的根本原因在于：这种企业所从事的是处于"微笑曲线"最底端的、被动而简单的、创造性低的价值增加活动。为了支持企业在业务层战略上的这种转型，企业内部的主要职能部门必须对其职能级战略做根本性的调整。

第一，国际贸易的职能要向国际营销转变。在典型的出口加工企业中，国际贸易或者出口部门的作用主要是寻找中间客户，将中间客户的要求转移到企业内部，通过商务谈判获得订单，对订单的完成情况进行跟踪和反馈，办理好各种与出口有关的手续，将产品送到客户的手上。为了配合上述战略转型，国际贸易部门应该在名称和内容上都转型为国际营销部门，因为营销才是"微笑曲线"中最有价值创造力的一端。没有国际营销就没有主动权，就没有附加值提高的潜力和保证。国际营销部门不仅需要寻找中间客户，更重要的是寻找最终消费者；要能够研究市场、细分市场，选择顾客并且将顾客的诉求转化为自己的产品；要能够通过有效的营销策略，包括渠道、定价和促销策略，将产品送到最终消费者的手上。如果企业实现这种职能战略的转变，原来的客户可能就变成自己的批发商或者零售商，原来的国际贸易部门也许将来只是国际营销部门的一个科室。

第二，研发的职能要从 OEM（贴牌生产）向 ODM（原始设计商）、从服务中间客户向服务终端客户转变。在典型的出口加工企业中，产品的研发部门主要是根据中间客户提出的产品要求对样品进行开发，其核心目的是以最低的成本和最快的速度开发出中间客户满意和企业有利可图的产品。为了配合上述战略转型，研发部门应该与国际营销部门配合，不是根据中间客户的要求，而是根据目标市场和顾客的诉求产生产品开发的动机；同时，还需要基于所从事的基础性或者应用性研究，将技术创新的成果用于产品的开发，从而开发出能够满足最终顾客需求的产品。研发是"微笑曲线"的另一端，如果研发部门能够将自己的研发活动向最终顾客和基础研究延伸，其主动权和价值创造力会更大。

除了上述两个主要职能部门的战略需要根本转变以外，整个企业国际化战略转型还要求企业的其他职能战略进行相应的调整，调整的基本方向与成本领先战略向差异取胜战略转型所要求的职能级战略转变基本一致。

二、战略实施的保障机制

（一）公司治理

1. 股权结构

根据《公司法》，股东代表大会是公司的最高权力机构，可以行使对企业战略选择和经营绩效具有重大影响的若干职权。股东代表大会的主要权利包括决定公司的经营方针和投资计划；选举和更换非由职工代表担任的董事、监事，决定有关董事、监事的报酬事项；审议批准董事会、监事会或者监事的报告；审议批准公司的年度财务预算方案、决算方案；审议批准公司的利润分配方案和弥补亏损方案；对公司增加或者减少注册资本做出决议；对发行公司债券做出决议；对公司合并、分立、解散、清算或者变更公司形式做出决议；修改公司章程以及公司章程规定的其他职权。

研究表明，股权结构过于集中会导致企业各个利益相关团体之间缺乏制衡机制，中小股东个人利益难以得到保障，企业管理者很难有效发挥职业经理人的作用。股权结构过于分散会导致股东不关心企业，不惧怕风险，很容易被企业管理者所主导。因此，合理的公司治理安排必须让股东给予企业足够的关心，各个利益团体的利益形成制衡，股东能够对管理者的战略决策进行足够的监督和参与，例如，中集在发展初期的股权结构安排对其发展产生了非常关键的作用。两大国有背景的大股东股权相同、相互制衡，使得中集的管理层能够充分发挥职业经理人的决策作用。考虑到证券市场的有关规定，越来越多的企业希望引入机构投资者，在保证公司股权适度集中的同时，有效地利用专业投资机构的知识和能力。

2. 董事会

董事会能否有效运作在很大程度上决定企业战略决策的有效性和效率，因此，世界各个国家包括中国的上市公司一直致力于：①丰富董事会成员的构成和知识背景，使之不仅能够代表各个相关团体的利益，又能够汇集企业战略决策所需要的知识和经验。②增加董事会成员的知情权，使董事会成员了解企业情况。企业有责任向董事提供所要求的信息，同时董事必须主动了解有关信息。③加强对董事会尤其是外部董事参与企业决策活动的监督和记录。成员结构合理、内外信息对称、愿意尽职尽责的董事会更有可能保证企业在战略实施过程中决策正确和行为恰当。

在企业战略决策中，董事会与高层管理者的关系也是一个非常重要的公司治理问题。虽然董事会与高层管理者在企业战略决策中的分工有所不同，但是，高层管理者的作用略大可能是更为合理的治理安排。董事会不能不积极参与企业的战略决策，但是又不能过于积极参与企业的战略决策。董事会的主要职责首先是形成企业的战略承诺和目标；其次是将合适的人放在企业高层管理者的位置上，并且通过合适的激励和监督保证他们能够且愿意提出正确的计划和方案；最后是具备相应的信息和知识去判断企业高层管理者所提出的计划和方案是否正确。

3. 高管激励

所有权和经营权的分离客观上形成了股东和管理者之间的委托代理关系，由于作为委托人的股东和作为代理人的管理者所追求的利益往往不一致，因此容易产生代理问题。例如，股东一般希望企业相对集中经营，而管理者为追求短期业绩和管理权的扩大等会选择高度多元化经营。从长期来看，管理者的这种选择不仅会导致股东收益下降，甚至可能威胁股东的财产安全。解决好这一问题对企业的长远发展有重要意义，但即使在相对静态的环境中，代理问题也难以根除。随着环境动态化程度越来越高，股东对企业管理者决策正确性和行为恰当性的监督越来越困难，这是因为：第一，高层管理者所做的战略决策通常非常复杂且无规律，仅仅通过对高层管理者的直接监控并不能判断他们决策的质量。第二，高层管理者的决策对公司财务状况的影响要在一定时期后才能表现出来，特别是公司战略决策对公司长期业绩的影响要大于对公司短期业绩的影响，因而造成很难评估现有决策对公司未来业绩的影响。第三，高层管理者的决策及行动和公司的实际表现之间的关系还受到许多不确定因素的影响，不可预见的经济、社会或法律的变动使洞察决策的效果变得很难。可以说，动态环境下的企业代理问题更为突出。

激励为主、惩罚为辅的方法是解决股东与管理者代理问题的有效手段。首先，董事会要确定企业高层管理者的工资待遇和办公条件，这种待遇与其占据的位置有关，包括位置的价值和相应的工作及生活待遇，目的是希望企业高层管理者基于对位置的重视，善待股东和其他利益团体的利益。其次，董事会要考虑给予企业高层管理者一定的奖金，这种激励与企业短期（一般是年度）绩效的超预期增长挂钩。由于这种激励容易导致企业管理者在战略决策中的短期行为，故不应该让其成为管理者收入的主要部分。最后，董事会还会考虑给予企业高层管理者一些长期激励，例如股权、期权激励等，目的是使高层管理者在决策过程中多考虑企业和股东的长期利益。除此之外，股东可能还会给企业高层管理者很高的退休金或者退休以后其他福利方面的待遇，目的同样是希望将管理者个人的长久幸福与企业、股东的长期利益挂钩，避免因个人利益做出有损股东价值的行为。

管理者的激励问题不仅存在于高层管理者，也存在于企业的中层管理者，例如产品事业部或者区域事业部的管理者。如果企业进入的行业或者区域是自己不熟悉的或者难以控制的，那么董事会应该考虑给予这些管理者一定的长期激励，因为他们需要在董事会不了解的行业或者市场上进行管理，需要大胆、富有创新地做出很多重要的战略决策。如果不能让他们的利益与股东的利益挂钩，他们就很难形成做出这些重大决策的长远考虑和创新精神。

（二）组织结构

1. 企业的生存阶段

在这个阶段，企业通常是由一个或几个企业家创立和管理的。企业面临的主要问题是如何生存，企业的发展目标受制于企业家个人的价值追求，企业的战略主要受短期机会的驱动，并没有清楚的取舍。受经营规模的限制，处于这个阶段的企业没有明确的分工、稳定的岗位、客观的绩效评价和激励机制，采取的是典型的简单结构。企业家本人就是这个企业"最杰出的全才"，他做每项决策，负责每项活动，依据个人的主观判断直接评价每个员工的绩效。这种企业的好处在于活力强、感情深、弹性大，缺点是效率低。

2. 企业的发展阶段

在这个阶段，企业家的管理职能将被一组职能管理者替代。企业所面临的主要问题是如何发展，企业的发展目标仍然受个人价值追求的影响，但是战略上的取舍比较清晰，一般希望在自己的主业上做强做大。为了发展，企业家意识到需要提高管理的有效性和效率，并且开始注意分工、专业化，然后进一步部门化，从简单结构向职能型结构转变，其中的关键是职能专家的引进和威信的确立。职能专家的进入导致企业开始向制度化、正规化转变，员工绩效评价、激励和惩罚越来越客观。职能型结构的有效性和效率很高，企业完全有可能依靠这种结构发展成为行业领先的大型企业。但是在职能型结构中真正职责清晰的管理者只有一个人——总经理，因此职能部门的管理者容易出现职责不清和相互推诿的情况。由于企业经营定位不同，所采取的职能型结构具有不同的特点。其中，与成本领先战略匹配的职能型结构更强调集权化管理，追求效率，并且重视生产和工艺部门的重要性。而与差异取胜战略相匹配的职能型结构更强调分权化管理，追求创新，并且重视营销和研发部门。

3. 企业的多元化阶段

在企业发展的这个阶段，企业需要基于投资收益率的提高选择新的行业或者新的国家市场，即通过行业或国际化战略实现发展。处于这个阶段的企业面临的主要问题是建立什么样的行业或者市场组合才能获得最大的组合效益，什么样的管理模式能将组合中的效益发挥出来。多行业或者多市场经营的企业总部保留了若干职能部门，主要目的是行使所有者权益，同时提高组合效益（包括降低交易成本、扩大规模和范围经济效益），但是开始将与行业或者市场有关的决策权下放给行业或者市场经营单位，即行业或者区域事业部。

（三）激励机制

激励机制是管理者依据法律法规、价值取向和文化环境等，对管理对象的行为从物质、精神等方面进行鼓励以使其继续发展的机制。战略实施过程中，只有组织单位和个人都积极参与和支持，战略才能得到有效实施。战略管理者需设计和使用有效的激励机制，采用合理的激励措施获得员工持久而充满热情的支持，保障战略顺利实施。薪酬（工资、奖金、股票、股票期权、晋升等）是激励机制的核心部分，战略实施者还可以充分使用以下措施：员工感兴趣的任命、富有吸引力的升职、工作自主决策权。有效率的战略实施者更注重使用使员工获得更大满足感的激励措施。在建立有效激励机制以保证企业战略得到有效实施方面，企业战略管理者应该做好以下两方面的工作。

1. 建立有效的激励制度使员工全身心支持企业战略的实施。成功的战略实施者需要通过有效的制度设计激发员工积极性，使员工在工作中竭尽所能；使员工接受战略并支持它发挥作用；使员工凝聚成团队或工作小组以促进思想交流，创建一种相互支持的环境；使员工参与工作决策，并努力使工作变得有趣和令人满意。应注意的是，管理者要根据内外部环境的变化及时调整激励方式并有效贯彻以支持战略的实施。

2. 将薪酬制度与战略实施过程中取得的相关业绩挂钩。为促进战略的良好实施，建立一种与战略实施过程中取得的相关业绩挂钩的薪酬制度显得非常必要。薪酬系统由两部分组成：绩效评估和反馈，奖励。需要考虑战略目标对不同部门和人员的要求，并对相关业绩进行评估和奖励，比如，根据销售增长情况来奖励销售人员，根据质量和成本控制情况来奖励生产与采购人员，根据顾客服务方面的表现来奖励售后服务人员。战略实施过程中，应慷慨地奖励那些达到业绩目标的个人和部门，对那些没有达到目标的个人和部门坚决不予奖励，从而使员工的注意力集中到有效的战略实施和达到业绩目标上来。如果公司的战略是成为一个低成本的供应商，就必须奖励那些使成本降低的行为与成果；如果公司在质量和服务上追求差异化，就必须奖励那些提高产品和服务质量的行为与成果，例如产品合格率提高、顾客抱怨数量减少，以及订购过程和发货速度加快；如果公司追求产品的创新，那么奖励应与创新成果相联系。

（四）企业文化

企业文化是在一定的条件下，企业生产经营和管理活动中所创造的具有该企业特色的精神财富和物质形态，包括文化观念、价值观念、企业精神、道德规范、行为准则、历史传统、企业制度、文化环境、企业产品等，企业价值观是企业文化的核心。企业文化的形成源于企业所处的成长环境与成长路径，其特点与企业对行业的选择、对目标市场的选择、价值创造活动的特点和关键竞争优势密切相关，与企业管理模式形成内在的匹配关系。IBM前总经理托马斯·怀特森曾说："IBM的哲学主要包括三个简单的信念，我认为最重要的是：我们注重对个体的尊重。"美国麦当劳公司的企业文化可以用四个概念来表示：质量（Q）、服务（S）、清洁（C）和价值（V）。

企业文化的好坏是相对的，取决于它与所处的环境，所选择的行业、市场、价值创造活动组合，以及需要建立的竞争优势是否匹配和匹配的程度。例如，一个长期实施成本领先战略的企业形成了特定的企业文化，只要这个企业不准备向差异取胜战略转变，企业文化就是合适的。同样，一个长期从事出口加工的企业形成了自己特定的文化，它对这个企业在出口加工上的发展发挥了重要的支撑作用，一旦进行战略转型，如发展自主品牌、开拓国内市场或实施更高水平的国际化战略，原有的企业文化就会与新战略产生冲突。与其他组织性资源相同，企业文化具有很大的惰性。即使企业所处环境、行业发生巨大变化，或者企业所选择的目标市场、价值创造活动组合，以及需要建立的竞争优势发生根本性的改变，企业文化也很难随之改变。也就是说，企业在建立与战略相匹配的文化的过程中为文化的变革设置了障碍。因此，成功的企业战略管理者绝不轻易选择与企业原有文化相矛盾的战略。

在经营环境和竞争越来越动态化的趋势下，建立与企业战略相匹配的企业文化对实施有效的战略管理具有非常重要的意义，具体表现在以下三个方面：①有利于企业坚守战略承诺。企业战略承诺（主要体现在战略意图和宗旨陈述中）的确立和坚持既是理性选择，更是价值选择。企业文化（企业战略管理者的价值取向）实际上帮助企业忽视、拒绝许多有可能导致企业放弃或者改变战略承诺的"诱惑"，这就是许多成功企业的坚持需要用"不够敏感、不够聪明和不够理性"来解释的原因。②有利于企业迅速做出恰当的反应性决策。随着速度在企业战略决策和行动中重要性的上升，企业战略管理者的价值选择在战略决策中的重要性也相应提高。正是在这个意义上，战略管理的非理性主义学派强调企业战略决策不仅是一种机会，也是一种模式和愿景，从而对行动导向或者价值驱动型战略决策方式做出理论上的解释。③有利于企业在战略实施过程中协调和整合企业内部的各种行动。在执行力越来越重要的情况下，企业内各个部门能否在战略实施过程中表现出行动上的协调性和一致性，不仅与企业在计划、组织、任用、领导和控制方面的水平有关，而且在很大程度上取决于企业内部员工能否传承和分享共同的行为模式和价值观。因此，无论企业采取低成本战略还是高差异战略，没有与之匹配的企业文化，企业将很难坚持和有效实施这些战略。

因此，在企业战略管理者实施新战略之前，不仅需要了解新旧战略之间的差别，以及克服这种差别对战略实施的要求，而且需要了解新旧企业文化之间的差别以及克服这种差别对企业整个管理模式和系统改变的要求。企业文化的改变不单是文化问题，在本质上是企业管理模式、制度和机制的改变问题。企业文化的改变需要一些形式上的"措施"，更需要"内容"上的改变。公司治理、组织结构、控制机制（包括激励机制）和战略领导的调整都会对企业文化的改变产生重要的影响。因此，企业战略管理者在变革上述因素时，必须考虑其对企业文化的影响，以建立与新战略匹配的文化。换言之，企业员工会从公司治理、组织结构、控制机制和战略领导的改变中体会到企业行为模式和价值导向的转变，感受到企业文化改变的信号和要求。新战略实施所期望的行为模式和价值观一定要在新的公司治理、组织结构、控制机制和战略领导中得到实际和持续的鼓励和强化，如此新的企业文化才能形成。例如，海尔的企业文化在不同发展阶段表现出不同的特征，从发展初期的成本导向文化，到创品牌阶段的质量导向文化，再到市场巩固和扩张阶段的服务至上和创新文化，这些企业文化特征都与其战略导向相互匹配。

三、战略实施的主要控制方法

（一）平衡计分卡

企业通常需要利用多个指标对战略实施过程进行全面系统的控制，不能只衡量单一指标（如财务绩效等）。1992 年，哈佛商学院教授罗伯特·卡普兰与复兴方案公司总裁大卫·诺顿基于"衡量未来组织的业绩"这项课题的研究成果，建立了一套全新的绩效评价体系——"平衡计分卡"（BSC）。简单地说，BSC就是通过建立一整套财务与非财务指标体系，包括财务、客户、内部业务流程、学习和成长四个方面，对企业的经营业绩和竞争状况进行综合、全面、系统的评价。企业可以根据以下不同的标准来分别测量平衡计分卡的四个方面。

1.财务：现金流、资产回报。

2.客户：评估预期顾客需求的能力、回头客的比例、与顾客交流的质量。

3.内部业务流程：实施评估的改善、雇员道德方面的改善、周转率的改变。

4.学习和成长：创新能力的改善、相对于竞争对手新产品的数量、雇员技能的增加。

这四个方面与企业战略紧密联系在一起，经由战略性奖酬制度、部门和个人目标的设定，最后形成一个完整的战略实施的管理与控制机制。

在 BSC 的管理框架中，管理层确定市场和客户目标后，以内部流程和创新学习的观点来探究达到目标的具体做法。在这个过程中也许能找到一些创新和改善之处，这是传统评价体系无法做到的。因此 BSC 要求管理者从四个方面，将原本只有管理者才能理解的企业愿景与战略转化为员工实际工作的测评指标，让员工清晰认识到自己在实现组织战略目标过程中的工作与角色。这些都是实施 BSC 产生的特殊价值。

（二）战略地图

在战略实施的控制过程中，尤其是在对战略进行衡量之前，企业应当对战略进行全面准确的描述。要想用 BSC 来衡量战略，首先要学会描述战略，因此，两位大师推出了战略描述工具——"战略地图"。

战略地图是在平衡计分卡的基础上发展而来的，与平衡计分卡相比，它增加了两个层次的东西：一是颗粒层，每个层面下都可以分解为很多要素；二是动态层，也就是说战略地图是动态的，可以结合战略规划过程来绘制。战略地图是以平衡计分卡的四个层面（财务层面、客户层面、内部业务流程层面、学习和成长层面）的目标为核心，通过分析这四个层面目标的相互关系而绘制的企业战略因果关系图。

（三）权变计划

通常，战略开始实施后，会有一些不可预见的状况发生。好的战略实施有个基本前提：企业在有利和不利事件发生之前制订应对计划。很多企业仅仅针对不利事件制订应急计划是错误的，因为利用机会和降低威胁都能提高企业的竞争地位。无论战略制定、实施和评价如何仔细，意料之外的事件，如罢工、抗议、自然灾害、外国竞争者的到来以及政府行为等，都会使之前的战略过时。为了尽量减少潜在威胁的影响，组织应将制订权变计划作为战略评价的一部分。权变计划是指预期的某些关键事件没有发生时，可以生效的替代方案。战略制定者不应该也不可能为所有可能发生的意外制订计划，只有高优先级的领域才需要制订权变预案。但在任何情况下，权变计划都应尽可能简单。

一般而言，企业制订的关于战略实施的权变计划包括以下内容。

1. 如果情报显示主要竞争对手从特定市场撤出，公司应该采取什么行动？

2. 如果销售目标没有达到，公司应该采取什么行动避免利润损失？

3. 如果新产品的需求超过计划，公司应该采取什么行动满足更大的需求？

4. 如果发生某些灾难性事件，如计算机网络损坏、敌意收购、专利保护损失，或者地震、龙卷风、飓风使生产设施遭到破坏，公司应该采取什么行动？

5.如果新技术发展使新产品比预期更快过时，公司应该采取什么行动？

许多企业舍弃那些没有被选中实施的战略，但是，这些战略可以为方案的分析工作提供有价值的信息。当采用的战略失效时，那些没有被选中的战略正好可以作为替代战略。

当战略评价揭示出需要立即实施重大变革时，应该迅速启动恰当的权变计划。当现有战略的内部和外部基础发生关键变化时，权变计划可以帮助战略决策者提高快速应对这些变化的能力。例如，如果原先关于经济形势的基本假设被证明是错误的，由于准备了权变计划，管理者能迅速做出相应调整。

在某些情况下，内外部条件的变化可能带来未曾预料的机会。当这些机会降临时，权变计划能够让企业及时抓住并快速利用它们。权变计划通常会给企业带来三大好处：第一，快速响应变化；第二，避免危机情况下的恐慌；第三，通过鼓励管理者意识到未来变幻莫测提高他们对各种变化的适应能力。

有效的权变计划包含以下七个步骤。

1.识别可能会扰乱现行战略的有利和不利事件。

2.识别触发点。推算这些突发事件可能发生的时间。

3.评价每个突发事件的影响，估计可能的收益或损失。

4.制订权变计划。确保应急预案与目前战略的兼容性和经济上的可行性。

5.评价每个权变计划的影响。即评价每个权变计划能在多大程度上利用或消除相应的突发事件，这样做可量化每个权变计划的潜在价值。

6.确定关键突发事件的预警信号并提前进行监测。

7.对那些具有可靠预警信号的突发事件，预先制订行动计划，以利用因提前发现而获得的时间优势。

（四）审计控制

审计是战略评价中经常使用的一种工具，也是对战略实施进行控制的方法之一。审计是指客观地获取有关经济活动和事项的论断和论据，通过评价弄清所得论断与标准的符合程度，并将结果告知有关方面。企业审计过程主要关注企业做出的财务论断，以及这些论断是否符合实际。

我国执行审计的人员可以分为两类：一类是独立的审计人员或注册会计师，他们的主要职责是检查委托人的财务报表。他们还有经济工作，如会计服务、税务会计、管理咨询，以及为委托人编制财务报表等。另一类是企业内部审计人员，他们的主要职责是确定企业的方针和程序是否正确地执行，并保护企业的资产。他们还经常评估企业各单位以及控制系统的效率。

在世界范围内，从公认会计准则到国际财务报告准则的转变涵盖了企业经营的各个方面，比如审计、监管、现金管理、税收、技术、软件、投资、兼并、收购、进出口、养老金计划以及合作。这种转变会使企业客户、财务监管条例、税法、政策和其他相关方面因新旧准则的不同而面临困扰。这种转变最大的好处是，国际财务报告准则比公认会计准则更加精简。例如联想集团是国际财务报告准则的坚定拥护者。联想渴望成为一个全球企业，因此越快推进国际财务报告准则对它越有利。

（五）滚动计划法

滚动计划法是一种定期修订未来计划的方法，根据计划的执行情况和环境的变化情况定期修订未来的计划，并逐渐向前推移，使短期计划、中期计划有机地结合起来。企业在战略实施过程中制订计划时很难准确预测影响企业经营的经济、政治、文化、技术、产业、顾客等各种因素的变化，随着计划期的延长，这种不确定性越来越大。因此，若机械地按几年以前的计划实施，或静态地执行战略性计划，可能导致巨大的错误和损失。在战略实施过程中，滚动计划法有助于避免这种不确定性可能带来的不良后果，具体可以使用近细远粗的办法制订计划。

滚动计划法虽然使得计划编制和实施工作的任务量加大，但在计算机广泛应用的今天，其优点十分明显。首先，滚动计划法最突出的优点是计划更加切合实际，战略性计划的实施也更加切合实际。战略性计划是指应用于整体组织的，为组织未来较长时期（通常为5年以上）设立总体目标和寻求组织在环境中的地位的计划。由于人们无法对未来的环境变化做出准确的估计和判断，所以计划时期越长，不准确性就越大，实施难度也越大。滚动计划法相对缩短了计划时期，加大了计划的准确性和可操作性，是战略性计划实施的有效方法。其次，滚动计划法使长期计划、中期计划与短期计划相互衔接，短期计划的各阶段相互衔接。这就保证了即使环境变化出现某些不平衡，各期计划也能及时进行调节，从而基本保持一致。最后，滚动计划法加大了计划的弹性，这在环境剧烈变化的时代尤为重要，它可以提高组织的应变能力。

第六章 企业管理战略咨询与评价

第一节 战略咨询

一、战略咨询内涵

（一）企业常见战略管理问题

在我国，每年有许多企业倒闭。有研究表明，尽管企业倒闭的原因很多，但基本症结都是缺乏战略管理，或根本就没有开展战略管理。由于战略管理缺失，使企业难以构建明确有效的发展方向，致使其在市场上举步维艰。中国企业常见的战略管理问题，大致可分为以下几种类型。

1. 缺乏长远性，短期行为严重。

2. 缺乏客观性，往往以经验代替战略。

3. 缺乏科学性，盲目追逐市场热点。

4. 缺乏系统性，以"口号标语"代替战略。

5. 缺乏可操作性，或没有具体的战略实施方案。

（二）战略咨询内容

战略咨询的内容可以分为四个战略领域。

1. 业务战略：确定竞争范围和方式，业务增长策略，新市场开发策略，渠道策略，营销转型战略及市场进入战略等。

2. 公司战略：兼并收购战略、一体化战略、业务组合策略、战略情景展望、股东价值分析等。

3. 运营战略：建立基于企业价值链和核心功能的运营战略，帮助企业建立突破性的业务模式及独特的客户价值定位。

4. 组织变革战略：变革管理、组织设计、公司治理和管控设计、业绩管理以及变革项目管理是组织变革战略咨询服务的主要内容。

二、战略咨询流程

（一）战略咨询项目前的准备

1. 了解客户

咨询团队首先要尽可能多地了解客户的信息，包括客户名称、发展历史、所属行业、组织结构、企业规模、地区、企业性质、业务范围、新闻动态、产品类别、组织结构和企业文化、企业主要领导介绍等。搜集客户信息最直接的渠道是网络，登录客户网站，就可以得到以上信息。

如果企业是上市公司，那么，我们可获得的企业信息就更多了，招股说明书、企业定期报告、证券公司的分析报告，包括股民评论。

2. 了解项目

不同的企业，面临的战略问题不一样，解决的思路和投入资源也不一样。一旦咨询项目启动，要通过访谈、考察等手段来了解项目的基本情况，比如：

（1）项目名称；

（2）客户基本情况；

（3）客户需求；

（4）项目内容；

（5）项目周期；

（6）项目提交成果；

（7）项目解决思路；

（8）项目费用；

（9）项目组成员。

然后根据以上信息撰写项目建议书。

3. 组成团队

战略咨询项目相对于一般的管理咨询项目而言，对项目团队的要求高一些。

4. 项目内部启动会

咨询公司的项目团队组成后，由项目负责人召集项目团队成员开会，向大家介绍客户的基本情况、咨询项目的重点、所要达到的要求和注意事项。同时，由负责人布置项目的计划和分工，计划应包括调查内容、目的、方法、对象、时间、责任人等。

5. 搜集资料

项目团队尽可能获取与项目有关的所有资料。搜集资料的途径有：

（1）互联网：客户网站、主要行业网站、竞争对手网站、管理类网站；

（2）咨询公司数据库账号；

（3）书籍、年鉴、期刊；

（4）咨询公司相关行业、企业的报告（行业报告库、战略报告库、公司其他报告库）。

（5）同事。

（二）战略咨询项目入场后的工作

1. 咨询公司要首先明确战略咨询项目的目标

战略咨询项目的目标除了提供给客户高质量成果外，往往还有一些其他目标要同时完成，这些目标有利于咨询业务的健康发展。这些目标如下。

（1）方法论的创新，每一个项目不能只是已做过的战略项目的简单复制，要使用新的分析方法，以提高成果质量，同时提高咨询公司自身的能力。

（2）培养团队人员，提高每个人的知识和综合能力，帮助团队年轻成员积累经验。

（3）增加客户满意度，为日后业务的长远发展打下基础。

（4）按时间计划完成任务。

（5）及时收回咨询费用。

2. 搜集资料

项目入场后，项目团队需要从客户那里收集或完善以下信息。

（1）企业成立背景以及发展史。

（2）章程。

（3）领导班子成员简介。

（4）企业发展目标、战略及长短期规划。

（5）组织管理资料，包括组织机构图、职务说明书、工作流程图等。

（6）近三年集团及所属单位宣传材料，内部刊物。

（7）近三年工作报告，主要领导人重要讲话稿，领导述职报告，各子公司与职能部门工作及领导人述职报告。

（8）管理制度：重点考察管理制度的目的、规则、程序、内容，分析各种制度是否完整制定、确实实施，制度执行结果是否符合企业实际状况。

（9）与下属各子公司签订的资产经营责任书。

（10）有关企业文化建设方面的资料，如公司价值观、公司标志、公司经营理念等。

（11）董事会会议记录、总经理办公会会议记录。

（12）人力资源基本情况。

（13）公司、子公司、职能部门上一年工作计划及其执行情况。

（14）业务结构、产品结构、主要产品技术水平及发展方向。

（15）集团、集团公司、子公司会计报表、审计报告及财务分析评价资料。

（16）集团、集团公司、子公司近三年统计报表。

（17）各子公司基本情况介绍。

（18）生产布局、研发能力、生产能力、工艺装备水平。

（19）近三年研发、生产、销售情况。

（20）近三年国际市场销售情况。

（21）主要产品销售途径及销售策略。

（22）主要产品市场现状及未来预测。

收集到以上资料后，咨询人员应进一步制订项目调研计划，通过与各部门领导及员工的面谈、座谈或发放调查问卷等形式，实地调研公司的业务情况、规章制度、管理流程、企业文化建设等情况，深入细致地分析客户企业面临的问题和追求的目的，识别引起和影响这些问题的因素，为寻找解决问题的方法准备必要的信息。

由于搜集的资料较多，其中不乏重要的、需要保密的材料，为此咨询项目组要有严格的管理制度，做到：①安排专人管理项目运作期间所有成员收集到的资料，以便在小组成员中充分共享和妥善保管。由专人统一编制资料目录，以便查阅。②资料包括客户资料、项目管理文件（计划、访谈安排等）、项目中间成果（调查问卷、访谈提纲、与客户沟通、访谈总结、团队每天会议记录、客户评价、项目总结等）、外调记录、参考资料（复印资料、行业期刊、企业内讯、产品资料、网上资料）、相关报告。③对从客户处收集的资料应妥善保管，防止丢失。

3. 制订工作计划

缜密的工作计划是成功完成战略咨询项目的第一步。咨询团队应和客户共同合作，商讨，确定一个适宜的工作计划。无论是时间长还是时间短的计划，正式咨询都分为深入调查、原因分析和提出方案三个阶段。

（1）深入调查阶段

任何咨询方案都应以事实为依据，不是咨询师凭主观臆断或凭经验而形成的概念。

咨询团队必须调查清楚与项目有关的历史、现状、标准、管理模式、内部条件和外部环境等各方面的情况，才能为下一阶段分析提供足够的有价值的资料。资料的完备性、真实性决定了咨询的成败，项目团队成员不可不重视。

资料的来源，有各种会议记录形成的决议文档资料，财务报告和统计报表，现场观察记录，以及有关的原始凭证和台账，职工问卷调查和面谈调查所得资料等。对客户提供的资料数据，应经过多方比对，力争数据真实可信。

同时，还需要从外部机构、网络上获取有关信息。对于网上获得资料的真实性需要考证，咨询项目团队应该慎重使用。

（2）原因分析阶段

分析是对所获得的各种资料进行整理、归纳、分类、判断与推理的过程。分析问题的基本程序是：认识问题—界定问题—查证原因。分析之前必须对所获得的资料真实性、可靠性进行核对，去粗取精，去伪存真，剔除不真实的数据。分析工作要以事实为依据，寻找问题产生的真正原因和根源。

（3）提出方案阶段

根据问题产生的原因和根源设计解决方案，是咨询项目最后阶段的工作。方案的质量影响着咨询工作的最终效果，因此在设计解决方案时，一定要在原因分析的基础上，通过头脑风暴，形成多个方案，然后咨询项目组全体人员就先进性、可行性、效益性和可操作性进行比较、讨论和论证，最终形成比较满意的建议。

注意，在设计咨询解决方案的过程中，应邀请客户单位有关人员参加，广泛地听取他们的意见，避免片面性，使得对问题的认识和分析的结论更趋准确。同时，这样还可使客户更容易接受最终方案。所以，任何一个好的解决方案，都是咨询组与客户共同工作的结晶。在形成比较满意的建议后，就可以向客户单位领导全面汇报（预发表），听取意见，修改完善，得到最终确认。

在正式形成咨询报告后，一般要组织项目报告会，参加人员由咨询公司与客户商定。报告会是咨询项目组向会议参加者汇报这次咨询的成果，提高企业人员对问题的认识，也是实施方案的动员会。至此，可以认为本次咨询项目任务已经完成。如果客户单位在实施方案时，要求咨询公司提供帮助，咨询公司应责无旁贷地承担起帮助实施的任务。

4. 项目启动会

咨询团队正式入场后，就需要安排和客户主要负责人召开项目正式启动会。启动会客户参加人员的层次，根据项目的范围而定。小项目的启动会客户高层参加即可，大项目的启动会则需要客户中层和骨干人员参加。在正式的启动会上，咨询公司向企业传递咨询项目的重要性和意义，并要求企业人员配合工作。而咨询公司也要介绍战略咨询项目的内容，及咨询团队的每一位成员，以获得企业内部的广泛理解与支持。

5. 访谈

访谈是获得企业内部信息的最直接手段。为了获得真实的、详细的信息，咨询公司人员应该创造一个相对封闭、无干扰的环境，让被访谈人畅所欲言。为了提高访谈的效果与效率，咨询人员要有备而来：写一份访谈提纲。访谈提纲，就是记下你想提的问题，提问要按照你预定的顺序。之所以需要访谈提纲，原因有二。首先，将想法付诸笔头，迫使你对它们进行梳理；其次，有助于被访对象把握你将在访谈中涉及的话题，并做相应准备。

咨询团队必须合理地安排访谈。战略访谈的对象比较广，层次比较多，往往被访谈人一般又是企业高层，可能会出现出差、出国，导致无法访谈的情况。因此，咨询团队要和客户在入场前就提前协商，提前通知，做好访谈安排。

6. 调查问卷

问卷调查是另一种搜集一手资料的方式，问卷调查的设计要有层次，有逻辑，易于完成。问卷调查的设计步骤如下。

（1）确定所要收集的信息、资料。

（2）根据问卷的调查方式确定调查内容。问卷调查方式不同，问卷的设计方式及其内容的繁复程度也不同，比如定量调查和定性调查的问卷设计就不同。

（3）决定问题形式。问题的形式一般有以下几种：①开放自由式问题，让被访者自由回答，不受限制；②二分式问题，把问题简化成是与否两种答案；③

多选式，对于一个问题列举几个答案，让被访者在限定的答案中选；④顺位式问题，要求被访者对问题进行排序。

（4）决定问题的先后顺序。如果问题之间有关联，则要按逻辑关系设计问题的先后顺序。

（5）进行问卷试调查。在设计市场调查问卷之后，有必要进行小规模的试验检查，以得知问卷的格式是否正确，调查的方式是否正确，调查的目的是否能够达到，调查的编组是否合理等，以及问卷是否易于被调查者填写，需要花费多长时间等。问卷太长，需要花费太长时间，或者难以理解，都会降低问卷完成率，达不到预期效果。

（6）修订、定稿及正式发放。根据试调查结果，将调查问卷进行修改后，定稿并投入使用。

7. 咨询公司项目组工作要求

（1）项目研讨会工作要求

①研讨会应集中、紧密入座，注意营造会议氛围。

②项目经理负责安排讨论议题，并提前通知项目成员做好会议准备。

③所有项目成员应在会前做好充分准备，并以认真、严肃、积极的态度参加研讨会。

④讨论要畅所欲言，但是必须针对与项目有关的内容。

⑤每个人必须充分尊重项目组其他成员，不得进行人身攻击，也不得对某一问题无休止地争论。

⑥会议发言时应面对大家，不要面对某一个人，尤其是发言中不要与某一个人讨论。

⑦研讨会中应注意倾听他人的发言，并积极参与讨论，不得走神、开小会。

⑧项目经理负责控制会议时间，避免出现无休止的讨论和无关大局问题的长时间讨论。

⑨任何人的观点都可以驳斥，任何创造性的观点都应受到鼓励。

⑩所有项目成员必须做好会议笔记，尤其是对重要问题的讨论。

⑪项目经理需安排专人整理研讨会会议纪要，以备高层管理委员会审查。

（2）与客户交往注意事项

①与客户的交往不能太过随便，注意保持自己的职业形象。

②尽量参加客户安排的各类活动，这是工作的一部分，而非私下交往。

③在生活安排方面可向客户提出合理的要求，但不得提出过分的超过客户生活水平、观念的要求。

④对客户安排的奢侈性活动应尽量推辞。

⑤客户中每一个人的观点都有其片面性，我们应客观、全面地看问题，要考虑客户提出每个观点或问题的背景和目的。

（3）项目保密要求

所有参与项目的成员必须遵守公司的《保密协议》，并做到以下几点：

①保守公司的商业秘密，不得向客户透露。

②保守客户的商业秘密，不得对外透露。

③访谈内容不得随意向项目组以外的人透露。

④项目的过程文件与资料不得随处乱放，以免泄露。

（三）战略方案制订

一份出色的战略咨询报告应达到以下三个基本标准。

1.要友好面对读者，针对客户的背景、需求和爱好，选择报告的结构、文体、术语、论点以及其他特点。最根本的原则是"什么样的报告能更好地服务于客户，并易于客户阅读理解"，而不是"我们公司愿意出具什么样的报告"。

2.报告应便于撰写。便于撰写的文章才便于阅读。

3.每份报告的目的都是为了传递特定信息。报告要目的明确、结构清晰、论据充分。

（四）辅导与培训

当解决方案被客户确认后，接下来需要对客户进行培训辅导，向客户各有关人员宣传贯彻战略报告所述方案。战略的实施，常常会引起组织变革，因此咨询人员需与相关人员沟通变革的必要性，并对相关人员进行专题培训。

咨询公司应该将提升客户的战略管理能力作为自己工作的一部分。战略的落实应以客户为主，咨询公司派出咨询顾问参加，组成战略落实小组。咨询顾问的主要任务是协助客户制订具体实施计划，按照方案内容进行培训；在实施过程中给予具体帮助和指导；当发生偏离计划或方案有不妥之处时，帮助客户及时调整和纠正。当客户能独立承担全部工作后，咨询顾问可适时撤离。

当方案基本落实后，咨询顾问撤离前，咨询公司要组织有关人员进行方案实施情况的验收和总结。总结报告由三部分组成，一是对整个咨询过程进行总结；

二是对实施效果予以评价；三是如何巩固成果及今后应采取的措施。此时整个咨询任务才算全部结束。

这里需要指出的是，即使客户有能力自己实施方案，咨询公司也应经常关注客户方案实施情况，定期或不定期回访客户，了解方案实施结果，以加深彼此之间的联系。

（五）售后服务

咨询项目的结束，不代表咨询公司和客户之间的工作关系就终止了。如果咨询公司确信后续服务符合客户的利益，并且可以向客户再提供点什么，就可在最后报告中以及同客户的会谈中提出建议。

有时，后续服务是一种有效的帮助形式。一些新的问题和机会刚出现苗头时，就能通过后续服务发现和提出。但是，不能强迫客户接受后续服务，除非客户感兴趣。

另外，后续服务也是保证战略执行效果的一种形式。因为外部环境会随时发生变化。如果固守战略方案不变，企业可能陷入僵化的困境。因此，咨询公司为战略方案的实施提供后续服务，对双方都有好处。咨询公司与客户共同监控方案实施过程中出现的变化，并根据这种变化，对方案进行完善和调整。

（六）项目总结

战略咨询项目结束后，咨询团队应进行项目经验总结，总结项目的成败得失。具体总结内容如下。

1. 项目的基本情况

（1）项目范围。

（2）项目时间。

（3）项目人员。

2. 经验总结

（1）技术方面

①公司技术积累的支持。

②公司内部专家的指导。

③项目内部讨论。

④规范化、职业化运作。

（2）客户沟通

①取得客户信任的方法。

②把握客户关键需求。

③思路出台过程中与客户的沟通。

④项目结束后与客户的沟通。

（3）团队管理

①团队的组建。

②职业生涯规划。

③团队成员的分工。

④人员激励。

⑤工作与休息、生活安排。

3. 存在的问题

（1）技术方面。

（2）资料收集方面。

（3）公司现有模板的适用性。

（4）方法论的指导。

（5）客户沟通。

（6）团队管理。

4. 需要进一步解决的问题

（1）技术方面。

（2）团队管理与队员激励。

（3）客户沟通方面。

三、战略咨询报告

（一）咨询报告的内容

一份成功的战略咨询报告，其内容需要认真的组织。一般来讲，内容包括以下部分。

（1）咨询项目的背景及待解决的问题。

（2）本项目的目标。

（3）咨询工作中所采用的方法和备用方法，以及备用方法未被采用的原因。

（4）咨询工作开展过程中遇到的问题及每个问题是如何被解决的。

（5）执行本项目后，你所得出的结果或结论。

（6）给你的客户提出具体的建议，告诉他们应该做什么。

（二）咨询报告演示时注意的问题

咨询工作结束后，撰写咨询报告，同时需要给客户做演示汇报。在给客户做演示汇报时，以下五个问题很关键。

1. 专业水准

专业水准这一特性必须明显地体现在你的整个报告之中。同时，这种专业水准还应体现在你的衣着、个人形象、你所运用的可视化的辅助工具的质量、你的行为举止、你的准备情况，以及你做报告时分发给大家的材料上。

2. 热情

热情是至关重要的。在演示时请务必保持热情。如果连你对自己的工作都没有热情，客户怎么会有热情呢？热情是做好报告最重要的秘诀之一。

3. 内容的组织

在你站起来做演讲之前，你应该提前思考你即将要说的东西。你不能未经思考就直接表达意见。即使是一个成功的即兴演讲者，如果不提前做好准备的话，在做咨询报告演示时你也会遇到问题。如果未经思考就做报告，往往会导致报告条理不清、缺乏逻辑、不够完整。如果你的思路不清晰，这个时候又有人提问题的话，你面临的压力就会陡然增加，同时你面临的困难也会增加。即使你的PPT做得很有逻辑，你也需要在演示前反复练习。

4. 时间控制

当你做演示的时候，你要时刻掌握好时间。做好这一点是极其重要的。如果你的客户想要一个2小时的报告，你就给他一个2小时的报告。如果客户想要一个1小时的报告，你就按他的要求做。除非客户对你提出了要求，否则，在任何情况下都不要延长你的报告时间。超时会使你的报告变成一场灾难。

5. 练习

现在做演示，先完成PPT，然后反复练习。在练习过程中，如果发觉有不妥的地方，立即进行增加、删减、调整。在练习演示的时候，要盯牢时间，通过增加或者删减资料来调整时间。一般来讲，报告时间要略微少于规定的时间。做好这一点是非常重要的，因为通常情况下演示不会完全按照你的计划进行。因此，留一点缓冲时间绝对是必要的。

如果汇报者不止一个人的话，所有汇报者都要在一起练习。一些咨询师仅仅是简单地给不同的汇报者分配了报告的时间和内容，仅仅这样安排的话，报告的各个部分很容易协调不好，并让整个报告缺乏整体感。进一步地讲，经常会有一个或多个报告者超出分配给他的时间，这会导致整个报告的时间远多于预期的时间。因此，所有汇报者在一起彩排练习，是必要的。

四、战略咨询的方法与工具

（一）咨询研究的主要方法

1. 麦肯锡方法

（1）界定问题

麦肯锡认为，解决问题的起点是界定商业问题，并使这些问题经得起以事实为基础的严密分析。其流程为：首先是利用系统化框架，以事实为基础提出假设；然后进行数据收集与分析，从而证实或证伪假设。麦肯锡认为借助假设，勾画出研究和分析的路线图，并在解决问题过程中始终予以指导，会极大加快找出解决方案的进程。

①结构

麦肯锡所谓的结构，是指解决问题的具体框架，广义上说，是指界定问题，并将问题进行细分。麦肯锡建立结构框架的原则是 MECE，是 "Mutually Exclusive, Collectively Exhaustive" 的首字母缩写，意思是 "相互独立，完全穷尽"。在解决问题的过程中遵循 MECE 原则，就是要将问题细分为各不相同、互不重叠的子问题，同时确保将所有相关问题考虑在内。

麦肯锡细分问题最常用的工具，就是逻辑树。逻辑树是将一个问题的所有子问题分层罗列，从最高层开始，逐步向下扩展。以 Acme Widgets 公司为例，这是一家历史悠久、经营良好的公司。假设它的董事会聘请你的团队解决 "如何增加盈利" 这一基本问题。面对这个问题，你首先会问的问题是："你的盈利来自何处？"董事会的回答是："来自我们的三个核心部门：装饰物、垫圈和绳毛垫。"

这样，这个问题的逻辑树就有第一层了。接下来，你可以对每种产品的盈利进行细分，通常分为"收入"和"支出"两项，这样就得到了逻辑树的第二层。如此下去，最后就绘制出 Acme Widgets 公司商业系统的详细 MECE 图。

②假设

利用适当的结构框架将问题简化细分之后，就可以进入界定问题的下一个步骤：提出可行的假设。麦肯锡相信，利用初始假设来指导研究与分析，会提高决策的效率和效果。

麦肯锡认为，通过证实或证伪某个假设来分析某个问题的各种事实，要比逐个分析这些事实以确定最终答案更为有效。从一开始，假设就可以为你和你的团队提供一张解决问题的路线图，引导你提出正确的问题，进行正确的分析，从而得到答案。好的假设，能够以更快的速度指明可能存在某个死胡同，而如果你误入歧途，它又能让你回到解决主要问题的正道上，从而为你节省时间。

麦肯锡常采用议题树提出假设。议题树是逻辑树的一种，它的每个分支都是一个问题，这样就在结构和假设之间搭起了一座桥梁。一个结构框架下的每个问题，都可以分解成若干个子问题，同样，这些子问题还可以再进行细分。议题树其实就是将问题和子问题用 MECE 的直观形式表达出来。通过回答议题树中的问题，便能很快对假设正确与否做出判断。

（2）设计分析内容

设计分析内容时，需要掌握以下原则。

①找到关键驱动因素。大部分企业的成功都取决于众多因素，但其中某些因素要比另一些因素更重要。当时间和资源有限时，你不可能奢望详尽地单独考察每一个因素。相反，在规划如何分析时，要弄清哪些因素对问题的影响最大，然后集中关注这些因素。一定要挖掘问题的核心，而不是一一详细分解。

②以大局为重。当你在努力解决某个困难复杂的问题时，很容易在众多的目标中迷失了真正的目标，况且客户对你又有时间要求。所以你需要弄清你正在努力实现的目标。问问自己，现在执行的任务是否服务于全局？它是否在引领团队走向目标？如果不是，就需要修正。

③不要妄想烧干大海。工作中要使巧劲，而不是用蛮力。在当今数据饱和的世界，只要加班加点，用好几种方法穷尽分析问题的方方面面，已变得相当容易。但是，如果分析不能使解决问题流程显著增值，那就是浪费时间。弄清楚证实（或证伪）自己的观点所必需的分析，加以落实，然后向前推进，这很重要。

在设计分析内容时，脑子里要有具体的最终产品，即对于每一个问题和子问题，都应列出以下内容：a. 关于答案的初始假设；b. 证实或证伪假设必须进行的各项分析，以及它们的优先次序；c. 进行上述分析所需的数据；d. 可能的数据来源（如普查数据、目标组群、面谈）；e. 每项分析可能得到的最终结果的简要描述；f. 每项最终产品的负责人（你自己或某位团队成员）；g. 最终产品的交付日期。

（3）收集数据

在建立初始假设并确定证明该假设需要进行的分析之后，就该收集开展这些分析所需的数据了。这项任务很乏味，但却至关重要。可以通过访谈、问卷调查等手段获得一手资料，通过年报、专业机构等获得二手资料。

另外，麦肯锡认为知识管理很重要，也是知识管理领域的先导。麦肯锡关于知识管理的核心原则是：不要做重复劳动。咨询公司或咨询专家，要善于做知识管理，提高工作效率。

（4）解释结果

假设是需要证实或证伪的，而数据本身并不会说话。这就需要你和你的团队利用这些事实得出见解。庞大的电子数据表和三维动画饼形图本身并没有什么意义，除非你能明白，这些分析意味着应采取什么行动，对组织有什么价值。

在收集完所有的数据，完成所有的访谈之后，便会有一大堆数据需要筛选。你的工作，就是剔除不相关的东西，留下确实能证实或证伪你假设的数据，然后总结出这些数据告诉了我们什么。这不仅仅需要具备理解能力，明白各项分析的意义，还需要具备丰富的想象力，把互不相干的事实连贯成有机的整体，得出见解。

麦肯锡认为要确保解决方案适合你的客户，有以下两点需要注意。

①从客户的角度考察问题。

找到客户"CEO 的关注点"，即找到客户关注的问题。这是从客户角度考察问题的第一步，因为这会迫使你聚焦客户最重要的需求。下一步，问问你的决策将如何为你的客户或组织增值。各条建议能产生多少回报？是否足以值得投入所需时间、精力和资源？与你提出的其他建议相比如何？如果潜在效果不是很明显，就应首先考虑其他更大的项目。

②尊重客户能力的局限性。

如果无法实施，世界上最精彩的战略，也毫无用处。因此，在提炼最终产品时要牢记，你提出的建议对客户是否具有可行性。客户是否具备所要求的技能、体系、基础结构和人员？竞争对手、供应商、消费者、监管部门等外部力量是否会采取行动，从而导致你的战略失效？如果你起初就对自己的分析做了正确的规划，那么，在提出建议之前，你就应该能够回答这些问题。

（5）汇报

所有的假设、工作规划、研究、分析，最终都汇集到这里，因此，如果这项工作处理不当，所有努力都将付诸东流。如果把所有的商业观点随意堆积在一起，就想进行有效的汇报，无异于异想天开。汇报要避免胡乱堆积自己的观点。以下几点必须注意。

结构。关于汇报的结构，麦肯锡强调的是：结构清晰，简单明了。要注意以下几点：①把汇报系统化。汇报想取得成功，就必须让听众按照清晰、简便的步骤，顺着你的逻辑走下去。②电梯法则。有时，你的时间不多。你要全面了解你的解决方案，这样你才能在上下电梯的 30 秒内向客户做出清晰而准确的解释。这就要求汇报者对自己的解决方案非常熟悉。③简单为上：一图说一事。图表越复杂，传递信息的效果就越差。图表所要表达的意思应一目了然，无论使用什么工具，用它来实现这一点。如果你想用同一张图表来表达多种意思，那就每种意思都重画一张，在每张图上突出相关信息。

认可。汇报仅仅是工具而非目的。再好的汇报，无论结构如何系统连贯，无论图表如何形象生动，如果对方不接受、不依照建议行事，也毫无用处。所以，关键是得到客户的认可。

关于如何获得认可，麦肯锡原则是：未雨绸缪，事先沟通。优秀的商业汇报，不应有出乎听众意料的内容。在向大家正式汇报前，与所有决策人员沟通你的分析结果。

同时，注意量体裁衣。量体裁衣，就是无论汇报对象有谁，都要根据不同的对象调整自己的汇报。即使对方和你在同一家组织，他们也未必和你一样了解讨论的主题的背景和相关知识。要了解客户喜欢的汇报形式，如正式还是非正式，大规模的汇报会还是亲密的讨论，文本形式还是视听形式，如此等等。有些人希望深入细节，而有些人则只想听到你的最主要论点。要想取得汇报成功，你需要了解自己的汇报对象，了解他们的偏好与背景，调整自己的汇报。

2. 德鲁克的方法

（1）明确核心问题

德鲁克认为在咨询过程中，明确项目的核心问题是最难的，也是最重要的一个环节。一旦正确地确定项目的主要问题，就总能找到许多不同的方法来解决这个问题。但是如果识别出的、确定出的问题是错误的，那么即使采用再好的方法也无济于事。因此德鲁克建议要好好花时间在"找到正确的问题"上，要确保确实找到了正确的核心问题。通常一个项目可能有许多不同的问题，事实上，通常问题都不止一个，咨询顾问的任务是识别出最主要的问题。由于这个问题比其他问题都重要，所以这个问题才是核心问题。如果在某个项目中，发现有多个主要问题，那么应该分别处理这些问题。找出了核心问题后，需要写一个初步的方案，解释这个问题是什么。要注意，即使一开始识别了核心问题，但在许多情况下，你还得不断回头修改你之前的判断。因为经过不断的分析后，你会对什么是核心问题并且如何描述有新的理解，因此必须不断回头修改之前的判断。

（2）列出相关因素

在某种情形下通常会存在很多因素，这时候你要做出判断并且仅列出与你之前所确定的核心问题有关的那些因素。注意在这里，你要列出的是因素，而不仅仅是事实。除了事实之外，你可能还涉及评估、计算、假设，甚至是有根据的假设。

（3）列出可选的措施或解决方案，包括各自的利弊

在这个步骤中，咨询师要列出可能解决核心问题的每个方案，以及每个方案好的地方和不好的地方。有一点是非常重要的：你列出的每个方案都必须有针对性，也即每个方案都潜在地解决了你所提出的核心问题。

（4）讨论和分析备选方案

按照列出的相关因素，全面地分析和讨论这些备选方案。在此过程中，可能会有其他的相关因素出现。如果有的话，那么就要返回并把它们加到之前的列表里。注意，这个步骤的重点应该是详细地比较和讨论每种措施的优势和劣势及其相对重要性。注意，不要在"分析和讨论"这个时点来声明这些结论。不管怎样，你要把结论留在下一节处理。

（5）列出结论

在这个环节中，咨询师要列出得到的结论。这些结论是通过前面的讨论和分析所得出的。不要解释这些结论，因为解释是上一个步骤的过程；也不要列出与你的分析无关的结论。你的结论只能根据你的讨论和分析得出。还需要注意的是，不要把相关因素作为结论。

（6）提出建议

在这一步，咨询师要明确地陈述所得出的结论，并且提出解决核心问题的建议。你要将你的对策建议告诉你的客户，以帮助他们解决你之前所识别和定义的

问题。正如与前面的结论部分一样，在建议部分你只管提出建议，不要将那些额外的信息或解释写进去。所有的解释都应该放在分析和讨论部分。

（二）战略咨询的分析工具

用于战略分析的工具很多，这里主要从外部环境分析、内部环境分析、企业发展阶段、企业整体战略、企业业务战略、企业竞争战略方面介绍一些常用工具。

1. 外部环境分析工具

（1）PEST 分析法

PEST 分析法是分析外部环境的常用工具之一，主要用来分析企业所处的宏观环境对战略的影响。PEST 分析的具体内容主要是对政治（Political）、经济（Economic）、社会（Social）和技术（Technological）这四大类影响因素进行分析。

（2）五力模型

五力模型是哈佛大学著名战略管理权威迈克尔·波特教授在《竞争战略》一书中提出的企业产业竞争环境的分析工具。五力模型主要用来分析行业结构。行业结构对决定博弈的竞争规则以及企业潜在可选的战略具有重大影响。行业内的竞争状态取决于五大竞争力。这五大竞争力的合力决定了行业最终的赢利能力，而赢利能力是用投入资本的长期回报率来衡量的。并非所有行业都有相同的赢利潜力，五大竞争力的合力不同，决定了不同行业的最终赢利能力也不同。

（3）SWOT 分析工具

SWOT 分析法主要分析企业的优势（Strengths）、劣势（Weaknesses）、机会（Opportunities）和威胁（Threats）。SWOT 分析工具在企业内外部关键成功因素确定的基础上，将优势和劣势、机会和威胁进行组合，形成一个矩阵。

（4）市场吸引力矩阵

市场吸引力矩阵主要用来对市场进行分析，通常采用市场集中程度、销售增长率指标作为衡量和评价市场对企业吸引力的标准。

市场吸引力矩阵中的四个象限的含义如下。

①"成熟"市场：市场的增长率高且不存在强大的主导企业，可以摘取成熟的"果实"。

②"困难"市场：市场的增长率低且集中程度低，要实现获利比较困难。

③"已收获"市场：市场的增长率高，但已存在主导企业，难以渗透。

④"已损坏"市场：市场的增长率低且存在主导企业，已经发现有竞争者破坏。

（5）产品市场多元化矩阵

产品市场多元化矩阵又称安索夫矩阵，以产品和市场作为两大基本面，区别出四种产品／市场组合和相对应的营销策略，是应用较广泛的营销分析工具之一。

2. 内部环境分析工具

（1）企业资源分析

①资源分析要素

企业资源分析是指企业为寻找创造竞争优势的潜力，对其所拥有的和能够控制的资源进行识别和评价的分析过程。这一过程包括确定所拥有的资源和能够控制的资源，然后确定哪些资源真正具有价值且具备竞争优势。通过分析企业资源，企业能确定自身的优势和劣势，从而能够综合评估自身的战略能力。企业资源分析主要包括七个方面的要素：社会资本、有形资产、无形资产、知识资本、组织资本、市场资本、人力资本。

②竞争资源四层次模型

在形成战略优势的多项因素中，资源是企业最基本，也是最重要的物质基础。企业的各种资源能否形成优势，除了资源本身的特性之外，还依赖于企业自身的资源结构，它们共同构成了企业的竞争资源四层次模型。

a. 突破性资源：核心资源通过革新成为竞争对手短期内不易具备的优势，这种革新能力可以视为突破性资源。

b. 核心资源：企业特有的，竞争对手目前不具备且将来也很难具备的资源。

c. 基础资源：企业内部创造的其他廉价、便宜的资源，可能不具有特色，但对于日常运作非常重要。

d. 外围资源：企业拥有或购买一些必需的其他种类的资源。

（2）企业能力分析

①能力分析要素

企业能力是企业分配资源的一种效率，目的是将企业的资源有效地整合在一起，以达到一种预想的最终状态。企业能力分析是指对企业的关键性能力进行识别。企业能力是企业核心竞争力的基础，企业能力分析的目的是帮助企业决策者确定长远以及近期的企业战略。

a. 综合能力要素：学习能力、创新能力、战略整合能力。

b. 业务领域能力要素：研发能力、市场开拓能力、生产能力、项目管理能力。

c. 企业能力要素：财务能力、运营能力、人力资源管理能力、营销能力、组织管理能力。

②核心竞争能力分析方法

企业的竞争能力分为一般竞争能力和核心竞争能力，战略运营的关键是要辨识和确认核心竞争能力，因此企业必须对核心竞争能力进行重点分析。

核心竞争力是指能为企业带来长期、稳定的竞争优势且取胜于竞争对手的最具价值的资源和能力。核心能力包括：a.核心技术能力；b.战略决策能力；c.核心生产制造能力；d.核心市场营销能力；e.组织协调能力；f.良好品牌形象能力（品牌建设能力）；g.周到服务能力；h.快速响应能力。

企业核心竞争力通常有如下四项识别标准：a.具有价值性：核心竞争力能很好地实现顾客所看重的价值；b.具有稀缺性：核心竞争力是稀缺的，行业内只有少数的企业拥有；c.具有不可替代性：核心竞争力在为顾客创造价值的过程中具有不可替代的作用；d.具有难以模仿性：核心竞争力必须是企业所特有的，并且竞争对手难以模仿。

3. 企业发展阶段分析工具

（1）企业生命周期分析

进行企业生命周期分析的重要工具就是生命周期分析法，它是通过生命周期分析矩阵，根据企业的实力和产业的发展阶段对企业的生命周期进行分析。企业生命周期分析中，以行业阶段为横坐标，一般需考虑的要素包括增长率、增长潜力、产品线范围、竞争者数目、市场占有率分布状况、市场占有率的稳定性、顾客稳定性、进入行业的难易程度、技术等；以企业实力为纵坐标，一般考虑的要素包括产品线宽度、市场占有率、市场占有率的变动以及技术的改变等。

（2）产品生命周期分析

典型的产品生命周期一般可以分成四个阶段，即引入期、成长期、成熟期和衰退期。

引入期：指产品从设计投产到投入市场进行测试的阶段。

新产品投入市场，企业进入引入期。此时产品品种少，顾客对产品缺乏了解，几乎无人购买该产品，企业为了扩大销路而投入大量的促销费用，对产品进行宣传推广。该阶段受生产技术方面的限制，生产批量小，制造成本高，宣传费用大，产品销售价格高，处于试销阶段，企业通常要承受亏损。

成长期：指产品从试销到需求增加的阶段。

当试销取得成功后，企业进入成长期，顾客逐渐接受该产品，产品在市场上逐步打开销路，需求量和销售额迅速上升。该阶段的生产成本大幅度下降，利润迅速增长，与此同时，潜在竞争者纷纷进入市场参与竞争，产品供给量增加，价格下降，企业利润达到生命周期利润的最高点。

成熟期：指产品进入大批量生产和销售的阶段。

随着顾客人数增多，市场需求趋于饱和，此时产品普及并日趋标准化，成本低而产量大，销售增长速度缓慢直至出现转折。同类产品恶性竞争的加剧，导致企业之间加大产品质量、花色、规格、包装服务等方面的投入，在一定程度上增加了成本。

衰退期：指产品进入淘汰的阶段。

随着科技的进步及大众消费习惯的改变，产品已无法适应市场需求，此时市场上已经出现性能更好，价格更低的新产品或替代品。成本较高的企业由于无利可图陆续停止生产，该类产品的生命周期也就陆续结束，以致最后完全撤出市场。

4. 企业战略分析工具

（1）战略地位与行动评价矩阵

战略地位与行动评价矩阵（SPACE）有四个象限，分别表示企业采取的进取、保守、防御和竞争四种战略模式。这个矩阵的两个数轴分别代表了企业的两个内部因素——财务优势（FS）和竞争优势（CA）；两个外部因素——环境稳定性（ES）和产业优势（IS）。这四个因素对于企业的总体战略地位是极为重要的。

各影响要素说明如下：①环境稳定要素：技术变化、需求变化、进入市场的障碍、需求的价格弹性、通货膨胀率、竞争产品的价格范围、竞争压力；②产业实力要素：发展潜力、财务稳定性、资本密集性、生产率及生产能力的利用程度、利润潜力、技术及资源利用率、进入市场的难度；③竞争优势要素：市场份额、产品生命周期、顾客对产品的忠实程度、产品质量、产品更换周期；④财务实力要素：投资报酬、资本需要量和可供性、退出市场的难度、偿债能力、现金流量、经营风险。

SPACE矩阵的使用步骤如下：①选择构成财务优势FS、竞争优势CA、环境稳定性ES和产业优势IS的一组变量；②对构成FS和IS轴的各变量给予从+1（最差）到+6（最好）的评分值；对构成ES和CA轴的各变量给予从-1（最好）到-6（最差）的评分值；③将各数轴所有变量的评分相加，再分别除以各数轴变量总数，从而得出FS、CA、IS和ES各自的平均分数；④将FS、CA、IS和ES各自的平均值标在各自数轴上；⑤将X轴上的两个分数相加，将结果标在X轴上，将Y轴上的两个分数相加，将结果标在Y轴上，标出X、Y数值的交点；⑥自SPACE矩阵原点至X、Y数值的交叉点画一条向量，这一向量表明了企业可采取的战略类型：进取、竞争、防御或保守。

（2）7S模型

7S模型为麦肯锡公司首创，已经成为战略管理，乃至管理学中一个经典的工具。7S模型指出了企业在发展过程中必须全面考虑的各方面情况，包括结构（Structure）、制度（Systems）、风格（Style）、员工（Staff）、技能（Skills）、战略（Strategy）、共同价值观（Shared Values）。也就是说，企业仅具有明确的战略和深思熟虑的行动计划是远远不够的，因为企业还可能会在战略执行过程中失误。因此，战略只是其中的一个要素。

在模型中，战略、结构和制度被认为是企业成功的"硬件"，风格、员工、技能和共同价值观被认为是企业成功经营的"软件"。麦肯锡的7S模型提醒世界各国的经理们，软件和硬件同样重要，各公司长期以来忽略的人性，如非理性、固执、直觉、喜欢非正式的组织等，其实都可以加以管理，这与各公司的成败息息相关，绝不能忽略。

（3）波士顿矩阵

波士顿矩阵是根据产品的市场增长率，以及在市场上的占有率划分产业的重要分析工具，实质是通过业务的优化组合实现企业的现金流量平衡。

明星类产品的特点是市场占有率、销售增长率均高，这类产品代表企业的希望，应大力发展并扩大生产能力。

现金牛类产品的特点是市场占有率高，销售增长率低，这类产品已进入成熟期，销售量大。

问题类产品的特点是市场占有率低，销售增长率高，这类产品已处于投入期或成长期。

瘦狗类产品的特点是市场占有率、销售增长率均低，这类产品应该被淘汰。

第二节　战略评价

一、战略评价的性质与准则

（一）战略评价的性质

战略决策对企业的发展具有重大影响，因此战略评价对于企业的正常运转利害攸关。战略评价之所以重要，是因为企业面临动态环境，当今的内外部因素经常发生快速、剧烈的变化。今天成功不能保证明天也成功。战略评价包括三个基本方面：①检查企业战略的内在基础；②比较预期结果和实际结果；③采取纠偏行动确保绩效符合预期计划。

战略评价是一项复杂的任务。过细的战略评价可能成本很高，并且降低生产效率，评价太少又会导致更严重的问题。战略评价对于确保目标实现十分必要，主要内容有：①战略是否与企业的内外部环境相一致；②从利用资源的角度分析战略是否恰当；③战略涉及的风险程度是否可以接受；④战略实施的时间和进度是否恰当；⑤战略是否可行。

（二）战略评价的准则

1. 一致性

战略不应该包含不一致的目标和政策。通常，组织冲突和部门间争吵是管理无序的表征，但这些问题也可能是战略不一致的信号。有如下三条准则可以帮助企业确定组织问题是否由战略不一致导致。

（1）如果人事变动后管理问题仍然持续不断，以及问题像是因事而不是因人而发生，那么可能就存在战略的不一致。

（2）如果企业某个部门的成功意味着或者可以解读为另一个部门的失败，那么战略有可能是不一致的。

（3）如果政策问题总是要到高层管理者那里才得以解决，那么战略就可能是不一致的。

2. 协调性

协调性是指战略制定者在评价战略时，既要考察个体趋势，又要探究组合趋势。一个战略必须代表一种自适应性地对外部环境和内部变化的响应。制定战略时，将企业关键内部因素和外部因素匹配的一个难点在于，大多数趋势是其他趋势交互作用的结果。例如，托儿所服务的增多由许多趋势导致，包括教育平均水平提高、通货膨胀加剧以及工作女性的数量增多。虽然单一的经济或人口趋势可能多年未变，但各种趋势的交互作用却一刻未停地发生着。

3. 可行性

战略既不能过度利用可用的资源，也不能造成无法解决的派生问题。战略最终检验的是其可行性，即该战略能否在企业的人力、物力和财力许可的范围内实施。企业的财务资源最容易定量考察，它通常也是确定采用何种战略的第一制约条件。不过，有时人们容易忘记，融资方法的创新往往是可能的。如内部筹资、售后回租条款、结合长期合同和房产抵押贷款等，这些方法都能有效地使企业在突然扩张的产业中获得重要地位。在战略选择中相对难以量化且难以克服的制约因素是个人和企业的能力。评价战略时，应该检验企业是否有过去的经历能够证明，它有相应的能力、胜任力、技能和人才来执行给定的战略。

4. 优越性

企业的战略必须创造和保持其某一方面的竞争优势。通常，竞争优势来自以下三方面：资源、技能、地位。关于资源能够增强其综合竞争力的观点，军事理论家、棋手和外交家应该十分熟悉。地位在企业战略中也十分重要，好的地位具有防御性——这意味着竞争对手要付出很大代价，以至于它们不得不放弃全部进攻。只要关键的内部和外部因素保持稳定，地位优势就具有自维持性。这就是为什么地位牢固的企业最不可能被扳倒，即使它们技能平平。虽然不是所有的地位优势都与规模有关，但大型企业往往能在多个市场运营，并使用一些流程体现它们的规模优势。中小企业也可以通过准确的产品或市场定位，以发挥其他类型的优势。好地位的特征是允许企业从政策中获利，而那些没有相同地位的企业则不能。因此，评价战略时，企业应该评价给定战略提供的地位优势的性质。

相比过去而言，战略评价越来越困难。过去的情景是：国内和全球经济相对稳定，产品生命周期和开发周期相对较长，技术进步速度较慢，变化不频繁，竞争者较少。当今，战略评价越来越困难，其原因如下。

（1）环境复杂性不断增加。

（2）未来变得更加难以准确预测。

（3）新技术带来的变量日益增多。

（4）影响企业的国内和全球性事件增多。

管理者如今面临的一个基本问题是：如何有效地管理员工，特别是知识工作者，以满足现代企业对灵活性、创新性和创造力的需求。

二、战略评价的内容框架

（一）审查战略基础

公司开展战略基础审查时，可以通过审视外部和内部的变化来进行。在分析外部关键机会和威胁时，可以通过回答以下问题进行相关分析。

1. 竞争对手曾对我们的战略如何反应？

2. 竞争对手的战略曾发生哪些改变？

3. 主要竞争对手的优劣势发生改变了吗？

4. 为什么有些竞争对手发生战略性转变？

5. 为什么有些竞争对手的战略比其竞争者更成功？

6. 本企业的竞争对手对于它们目前的市场地位和盈利能力满意度如何？

7. 竞争对手采取报复前可以容忍多久？

8. 我们怎样才能更有效地与竞争对手合作？

各种内外部因素会影响企业实现长期和短期目标。外部方面，需求变化、技术变化、经济变化、竞争对手行动、人口迁移和政府行为等会影响企业目标的实现；内部方面影响因素：企业选择的战略可能不奏效，或者战略实施不到位或目标不切实际。企业特别需要知道，什么时候其战略无效。有时，管理者和一线员工比战略制定者会更早发现问题。所有企业成员，特别是一线员工都需要知晓这点，从而支持战略评价。

对于现有战略的外部机会和威胁，以及内部优势和劣势，管理者需要实时监控其变化。问题不是这些因素是否会改变，而是它们何时以何种方式改变。以下是在战略评价中需要正视的一些关键问题。

1. 我们的内部优势依然是优势吗？

2. 我们能否增加其他内部优势？如果有，是什么？

3. 我们内部的劣势依然是劣势吗？

4. 我们内部现在还有其他劣势？如果有，是什么？

5. 我们的外部机会仍然是机会吗？

6. 我们现在还有其他外部机会吗？如果有，是什么？

7. 我们的外部威胁仍然是威胁吗？

8. 我们现在还有其他外部威胁吗？如果有，是什么？

9. 我们容易受到敌意收购吗？

（二）衡量企业的绩效

战略评价行为第二步是衡量企业绩效。它包括：比较预期目标和实际结果，调查偏离计划的原因，评价个人绩效，检验目标实现的程度等。在衡量企业绩效过程中，对企业中长期目标和短期目标都要进行评估。战略评价的准则应该可度量并易于调整。对未来业务指标的预测远比显示以往业务的完成情况更为重要。真正有效的控制需要准确的预测。

当企业制定的中长期和短期目标都未能取得预期成绩时，这表明需要对战略进行调整了。许多因素都会导致无法达到目标，如不合理的政策、未预料到的经济变化、不可靠的供应商和分销商，或者无效的战略等，还可能是无效益（没做正确的事或者无效率；没正确地做事，或正确的事做得不到位）。

通常，确定哪些是战略评价中的重要目标十分困难。战略评价基于定性和定量标准。战略评价标准的选择取决于企业规模、产业、战略和管理理念。比如，采取收缩战略的企业与追求市场开发战略的企业，其评价标准完全不同。战略评价中经常使用的定量标准是财务指标，战略制定者通常要做三种重要比较：

1. 比较不同时期企业的绩效。

2. 比较自身和竞争对手的绩效。

3. 比较企业绩效与产业平均水平。

作为战略评价的标准，一些关键的财务比率特别有用，如下所示。

1. 投资收益率。

2. 股本收益率。

3. 利润率。

4. 市场份额。

5. 负债对权益比率。

6. 每股收益。

7. 销售增长率。

8. 资产增长率。

但是，采用定量标准进行战略评价也有其弊端。首先，大多数定量标准是针对年度目标而非长期目标的。其次，不同的会计方法在定量标准下的结果有所不同。最后，定量标准中几乎总是包含直觉判断。鉴于这些及其他各种原因，战略评价时还需采用定性标准。员工忠诚度、客户满意度、员工创造力等因素都可能是导致业绩下滑的潜在原因。市场营销、财务/会计、研发或者管理信息系统因素也可能导致财务问题。

战略评价中，还有一些反映定性需求或者直觉判断的关键问题，管理者需要关注，如下所示：

1. 公司高风险和低风险投资项目之间的平衡如何？

2. 公司长期和短期投资项目之间的平衡如何？

3. 公司在缓慢增长市场和快速增长市场之间的平衡如何？

4. 公司如何平衡在不同事业部之间的投资？

5. 公司可选的战略在多大程度上体现社会责任？

6. 公司的关键内部和外部战略因素之间的关系如何？

7. 主要竞争对手对公司的各种战略如何反应？

（三）采取修正行动

1. 变革措施

战略评价的最后一步是采取修正行动，即需要做出一些变革使企业在未来获得竞争地位。一般来讲，需要采取的变革包括：调整组织结构，人事调整（如替换一个或多个关键人员），业务重构（出售某项业务或并购某项业务），或者重新修正企业愿景等。此外，还可能采取以下变革措施，如设定或修改目标、出台新的政策、发行股票融资、加强销售团队、以不同的方式分配资源或者给予新的绩效激励等。注意，采取修正行动并不一定意味着放弃现有战略，或者必须制定新的战略。

2. 变革管理

企业规模越大，出错的可能性越大。错误或者不当行为发生的可能性随着人员算术级数的增加而呈几何级数增长。在战略评价时，对某项业务全面负责的人必须同时检查所有参与者的行为和他们实现的成果。如果行动或者结果与预期或者计划的结果不一致，就要采取纠正措施和修正行动。

当今商业环境变得动荡而复杂，它冲击着个人和组织。当变化的性质、类型以及速度超出个人和组织的适应能力时，这种冲击就会发生。战略评价能够增强组织成功地适应环境改变的能力。变革往往会给个人和组织带来压力和焦虑。同样采取修正行动会增加员工和管理者的焦虑。研究表明，员工参与战略评价行动，是克服对于变革的抵制情绪的最佳方式之一，因为员工参与有利于人们认知理解面临的变革、感觉局势可控并意识到实施变革必须采取必要行动，从而最终接受变革。

战略评价可能导致四种情况：战略制定的改变、战略实施的改变、两者都发生改变或者都不改变。采取修正行动时，需要注意以下原则。

（1）修正行动应该将企业置于更好的地位。即能够更好地利用内部优势和外部关键机会，更有力地避免、减少或者转移外部威胁，更坚决地对内部劣势进行弥补。

（2）修正行动应该有明确的时间表和恰当的风险度，应该保持其内部一致性并对社会负责。

（3）修正行动要增强企业在业界的竞争地位。

三、战略评价方法与工具

（一）关键绩效指标法

关键绩效指标法（KPI）是通过对企业内部流程的输入端、产出端的关键参数进行设置、取样、计算、分析，来衡量流程绩效的一种目标式量化管理方法，是把企业的战略目标分解为可操作的工作目标的工具，是企业绩效管理的基础。KPI可以使各部门主管明确本部门的主要责任，并以此为基础，明确员工的绩效指标。

1. 关键绩效指标的含义

建立明确的切实可行的关键绩效指标体系，是做好战略实施管理的关键。它有以下三层含义。

（1）关键绩效指标是用于评估和管理被评估绩效的定量化或行为化的标准体系。也就是说，关键绩效指标是一个标准体系，它必须是定量化的，如果难以定量化，那么也必须是行为化的。如果定量化和行为化这两个特征都无法满足，就不是符合要求的关键绩效指标。

（2）关键绩效指标是对企业战略目标有增值作用的绩效指标。也就是说，关键绩效指标是为对企业战略目标起到增值作用的经营活动而设定的指标，基于关键绩效指标对绩效进行管理，就可以保证真正对企业有贡献的行为受到鼓励，从而实现战略目标。

（3）通过在关键绩效指标上达成的承诺，管理人员与员工就可以进行工作期望、工作表现和未来发展等方面的沟通与评估。关键绩效指标是进行绩效沟通与评估的基石，是企业中关于绩效沟通的共同辞典，是绩效评估的标杆。

2. 关键绩效指标的设计原则

确定关键绩效指标有一个重要的 SMART 原则。SMART 是 5 个英文单词首字母的缩写。

S 代表具体（Specific），指绩效考核中具体的业绩指标，不能笼统。

M 代表可度量（Measurable），指绩效指标是数量化或者行为化的，验证这些绩效指标的数据或者信息是可以获得的。

A 代表可实现（Attainable），指绩效指标在付出努力的情况下可以实现，避免设立过高、不切实际的目标。

R 代表现实性（Realistic），指绩效指标是实实在在的，可以证明和观察。

T 代表有时限（Time-bound），指完成绩效指标的特定期限。

3. 关键绩效指标（KPI）的制定方式

建立 KPI 体系的过程，实际上是把公司、事业部的年度战略规划向战略实施层层落实的过程，而且是目标指向非常明确一致的落实过程，所有的目标都指向企业战略目标。KPI 指标制定步骤如下。

第一步：开发业务"价值树"，常用鱼骨图分析法分解公司战略目标，确定"价值树"。

第二步：确定影响大的"关键绩效指标"。

（1）确定个人/部门业务重点。确定哪些因素与公司业务相互影响。

（2）确定业务标准。定义成功的关键要素，满足业务重点所需的策略手段。

（3）确定关键业绩指标，判断一项业绩标准是否达到的实际因素。

第三步：分配"关键绩效指标"。

将公司级的 KPI 逐步分解到部门，再由部门分解到各个职位。采用层层分解、互为支持的方法，确定各部门、各职位的关键业绩指标，并用定量或定性的指标确定下来。

（二）目标管理法

目标管理（MBO）源于美国管理学家彼得·德鲁克，他在 1954 年出版的《管理的实践》一书中，首先提出了"目标管理和自我控制的主张"，认为企业的目的和任务必须转化为目标。目标管理法是以目标的设置和分解、目标的实施及完成情况的检查、奖惩为手段，通过员工的自我管理来实现企业经营目的的一种管理方法。

目标管理法是由员工与主管共同协商制定个人目标，个人的目标依据企业的战略目标及相应的部门目标而确定，并与它们保持一致；该方法用可观察、可测量的工作结果作为衡量员工工作绩效的标准，以制定的目标作为对员工考评的依据，从而使员工个人的努力目标与组织目标保持一致，减少管理者将精力放到与组织目标无关的工作上的可能性。目标管理法属于结果导向型的考评方法之一，以实际产出为基础，考评的重点是员工工作的成效和劳动的结果，而不是控制员工工作的过程。

目标管理适应群体是知识型员工。管理者应该负责让自己所管辖的单位对所属部门有所贡献，并且最后对整个企业有所贡献。他的绩效目标是向上负责，而非向下负责。也就是说，每位管理者的工作目标必须根据他对上级单位的成功所做的贡献来决定。

目标管理的核心是建立一个企业的目标体系，全体员工各司其职、各尽其能，推进组织目标的达成。所有公司都应该针对每个关键领域向管理者提供清楚统一的绩效评估方式。绩效评估方式不一定都是严谨精确的量化指标，但是必须清楚、简单而合理，而且必须和目标相关，能够将员工的注意力和努力引导到正确的方向上，同时还必须很好衡量，至少大家知道误差范围有多大。换句话说，绩效评估方式必须是不言而喻的，不需要复杂的说明或充满哲理的讨论，就很容易了解。

1. 目标管理实施的步骤

（1）设定目标

设定目标包括设定企业的总目标、部门目标和个人目标，以及达到目标的方法和完成这些目标所需要的条件等多方面的内容。

（2）目标分解

层层分解企业的目标，形成目标体系，通过目标体系把各个部门的目标信息显示出来，就像看地图一样，任何人一看目标网络图就知道工作目标是什么，遇到问题时需要哪个部门来支持。

（3）目标实施

要经常检查目标的执行情况和完成情况，以观察在实施过程中有没有出现偏差。

（4）检查实施结果及奖惩

对目标按照制定的标准进行考核，目标完成的质量应该与个人的收入和升迁挂钩。

（5）目标调整

在考核之前，要注意对不可预测问题的察觉和处理。在进行目标实施控制的过程中，会出现一些不可预测的问题，如目标是年初制定的，年尾发生了金融危机，那么年初制定的目标就不能实现。因此在实行考核时，要根据实际情况对目标进行调整和反馈。

2. 实施目标管理的原则

企业需要的管理原则是：能让个人充分发挥特长，凝聚共同的愿景和一致的努力方向，建立团队合作，调和个人目标和共同福祉。目标管理和自我控制是唯一能做到这点的管理原则，能让追求共同福祉成为每位管理者的目标，以更严格、更精确和更有效的内部控制取代外部控制。管理者的工作动机不再是因为别人命令他或说服他去做某件事情，而是因为管理者的任务本身必须达到这样的目标。他不再只是听命行事，而是自己决定必须这么做。换句话说，他以自由人的身份采取行动。

目标管理和自我控制适用于不同层次和职能的每一位管理者，也适用于不同规模的所有企业。由于目标管理和自我控制将企业的客观需求转变为个人的目标，因此能确保经营绩效。

参考文献

[1] 黄炜. 企业战略管理精要 [M]. 上海：上海财经大学出版社，2019.

[2] 肖智润. 企业信用管理与战略 [M]. 上海：上海财经大学出版社，2019.

[3] 张奇. 企业投资战略管理与决策 [M]. 北京：企业管理出版社，2019.

[4] 周艳丽，谢启，丁功慈. 企业管理与人力资源战略研究 [M]. 长春：吉林人民出版社，2019.

[5] 徐大勇. 企业战略管理 [M].2 版. 北京：清华大学出版社，2019.

[6] 徐君. 企业战略管理 [M].3 版. 北京：清华大学出版社，2019.

[7] 舒靖钧，张建贵，刘畅. 企业战略管理 [M]. 成都：四川科学技术出版社，2019.

[8] 程瑶. 企业战略管理原理 [M]. 北京：中国原子能出版社，2019.

[9] 李维胜，蒋绪军. 企业战略管理 [M]. 北京：经济管理出版社，2019.

[10] 徐云旭. 企业战略管理 [M]. 北京：电子工业出版社，2019.

[11] 郑俊生. 企业战略管理 [M].2 版. 北京：北京理工大学出版社，2020.

[12] 李艺，陈文冬，徐星星. 企业战略管理 [M]. 成都：电子科技大学出版社，2020.

[13] 孙焱林. 企业战略管理 [M]. 武汉：华中科技大学出版社，2020.

[14] 张义. 企业战略管理 [M]. 上海：复旦大学出版社，2020.

[15] 罗超平，傅国华，黄大勇. 企业战略管理 [M]. 北京：科学出版社，2020.

[16] 郑强国，张霞. 企业战略管理 [M].3 版. 北京：清华大学出版社，2020.

[17] 陈志军. 企业战略管理 [M].2 版. 北京：中国人民大学出版社，2020.

[18] 宋华. 企业战略管理 [M]. 北京：中国人民大学出版社，2020.

[19] 杨立杰. 企业战略管理 [M]. 北京：科学出版社，2020.

[20] 林志军，杨世忠，段远刚. 创新型企业战略质量成本管理研究 [M]. 北京：经济科学出版社，2020.

[21] 李晓峰，魏文斌，杨传明.企业战略管理教程 [M].苏州：苏州大学出版社，2021.

[22] 李修伟.企业战略管理视角下的人力资源管理探究 [M].长春：吉林人民出版社，2021.

[23] 揭筱纹.企业战略管理 [M].北京：高等教育出版社，2021.

[24] 谢荣见，王凤莲.企业战略管理 [M].北京：科学出版社，2021.

[25] 王世秋.企业经营管理理论 [M].长春：吉林人民出版社，2021.

[26] 杜玉梅，吕彦儒，周琼琼.企业管理 [M].5 版.上海：上海财经大学出版社，2021.

[27] 宋云.企业战略管理 [M].6 版.北京：北京首都经济贸易大学出版社，2022.

[28] 赵顺龙.企业战略管理 [M].3 版.北京：经济管理出版社，2022.

[29] 张大龙.现代企业战略管理及其创新研究 [M].北京：中国农业出版社，2022.

[30] 谭开明，魏世红.企业战略管理 [M].6 版.沈阳：东北财经大学出版社，2022.